2011 年 7 月中旬賴幸媛主委揭牌我國駐香港機構：「台北經濟文化辦事處」。

2011 年 7 月中旬賴幸媛主委揭牌我國駐澳門機構：「台北經濟文化辦事處」。

2010 年 5 月在陸委會 18 樓成立「台港經濟文化策進會」，左一是策進會董事長林振國，左二是立法院副院長曾永權。

2010 年 8 月香港財政司司長曾俊華率團訪問賴主委，在陸委會合影。

2011 年 7 月香港內地及政制事務局局長林瑞麟（中）在政府貴賓室接待賴幸媛主委一行。

上圖｜2011 年 7 月港澳處、聯絡處同仁在香港碼頭的政府貴賓室合影。

下圖｜2011 年 11 月香港台灣月「台灣百年經典小吃宴」，左一為我駐香港辦事處新聞組組長張曼娟。

2011 年 7 月賴幸媛主委在澳門國父紀念館前種植台灣桂花樹。

2011 年 1 月陸委會 20 周年慶。陸委會先後任主委張京育（左二）、蘇起（左一）、陳明通（右一）與會。

馬英九總統參觀陸委會 20 周年慶展時，侃侃而談。

星雲大師在弟子慈容法師、覺培法師、依照法師（由左至右）的陪同下參觀陸委會 20 周年慶展。

左圖｜2010 年 12 月第六次江陳會談賴幸媛主委接見海協會會長陳雲林。
右圖｜2011 年 1 月星雲大師慈悲手持陸委會新年春聯「開門迎瑞兔，顧厝護台灣」鼓勵賴幸媛主委。

2012 年 8 月第八次江陳會談賴幸媛主委接見海協會會長陳雲林。

2012 年 8 月第八次江陳會談合影，左一為國台辦副主任鄭立中。

上圖｜2010 年 6 月海基會董事長江丙坤到陸委會呈交 ECFA 協議文本給賴幸媛主委。
下圖｜2011 年 10 月賴幸媛主委偕江丙坤董事長到行政院呈交協議文本給吳敦義院長。

左圖｜2010 年 5 月賴幸媛主委在大甲鎮瀾宮宣講 ECFA。
右圖｜2010 年 5 月賴主委家人在大甲鎮瀾宮 ECFA 宣講會，由左至右為叔叔、姐姐、爸爸，右一是現場畫家素描賴主委與媽祖圖畫送給賴爸爸。

左圖｜2010 年 5 月賴主委父親賴英傑在大甲鎮瀾宮 ECFA 宣講會上說：「我卒不甘我ㄟ查某囝ㄚ。」
右圖｜賴主委在廟口宣講 ECFA。

2010 年 5 月賴主委與馬總統下鄉，到台南向傳產業者宣導 ECFA。

賴主委在廟口宣講 ECFA，現場有女性群眾擁抱賴主委，從反對到支持。

賴主委在廟口宣講 ECFA。

三位副主委劉德勳（左一）、趙建民（右一）、高長（右二）與賴主委一起出席中華民國主權宣導短片公布會。

2010 年 8 月賴主委至美國企業研究所（AEI）演講兩岸關係。

左圖｜2012 年 2 月賴主委至哈佛大學演講兩岸關係。
右圖｜2012 年 2 月賴主委至哈佛大學演講兩岸關係的校園海報。

2012 年 2 月賴主委與企劃處處長胡愛玲、辦公室主任施威全在旅館準備哈佛大學演講。

2011 年 7 月賴主委至卡內基和平基金會發表演說。

2010 年 9 月賴主委至歐盟議會演講兩岸關係。

左圖｜2011 年 10 月賴主委赴美國僑界演講。
右圖｜2010 年 7 月底賴主委在紐約僑界演講。

上圖｜2010 年 9 月賴主委拜會歐盟議會副議長史考特。
下圖｜2010 年 9 月賴主委拜會歐盟議會議員。

2011 年 10 月賴主委赴舊金山僑界演講。

2011 年 9 月賴主委赴倫敦僑界演講。

2011 年 9 月賴主委至英國 Chatham House 演講。

2011 年 9 月賴主委至英國 Chatham House 演講，Chatham House 主席 Dr. Julius 歡迎。

2011 年 9 月賴主委赴英國國會拜訪。

2009 年 3 月賴主委接見陸配陳情，用大聲公和陸配溝通。

2009 年 7 月底賴主委拿著幾米畫冊對劉茜的兒子及鄭小文的女兒說：「有陰影的地方就有亮光，人生旅途上不要放棄。」

2012 年 9 月陸配歡送賴主委，劉茜的兒子及鄭小文的女兒，長得都比賴主委高了。

左圖｜2012 年 9 月陸配向賴主委擁抱話別。
右圖｜賴幸媛主委與辦公室主任施威全在會議桌上討論，聖嚴法師對聯「中規中矩慈悲心，適才適所和為貴」，孫大川主委對聯「所幸兩岸風雲過，名媛孤帆江山渡」掛在牆上。

左圖｜2012 年 9 月鄭小文女兒跟賴主委講悄悄話。
右圖｜法政處同仁與賴主委合影。

左圖｜2023 年 7 月賴幸媛與許君如、劉德勳、林庭瑤（由左至右）在台中賴幸媛老家鳳凰樹前合影。
右圖｜無微不至照顧賴主委的辦公室同仁：陳曉露、林苡芃、李晉梅、張婉玲（由右至左）。

左圖｜賴幸媛近照。
右圖｜2012 年 11 月馬總統授予賴幸媛主委景星勳章，賴爸爸、賴媽媽及姐姐在總統府觀禮合影。

鑄劍為犁

賴幸媛的兩岸談判秘辛

賴幸媛——口述
林庭瑤——採訪撰文

謹以此書獻給我最摯愛的爸爸媽媽

——幸媛

目錄／CONTENTS

作者序

鑄劍為犁

賴幸媛

那是關鍵時代的關鍵工程，而我，剛好成為關鍵的人。

因緣際會，二〇〇八年五月二十日上任的馬英九總統，邀請我擔任陸委會主委。幾經反轉思慮，我決定接受挑戰，勇敢承擔，義無反顧。這是我人生中有智慧、有擔當的重大決定，很慶幸自己當時沒有選擇逃避。

在加入陸委會前，我與陸委會所有文官素昧平生，但迅速地，我和可愛、可敬、專業素質優秀的陸委會工作夥伴們，形成緊密堅強互信的工作團隊。在陸委會近四年五個月的時光中，在困難重重、極端複雜的兩岸及台灣內部政治形勢下，大家全力以赴，一起完成許多有意義的成就，穩健地推動兩岸關係良性的發展。豐碩的成果，當時台灣社會有目共睹，歐美國際社會也給予高度正面評價，因為有助於台海和亞太區域的和平穩定。

陸委會團隊，抓緊「以台灣為主、對人民有利」的大陸政策綱領，積極穩健開步向前走。很快地，兩岸雙方建立了「兩岸制度化協商機制」，官方對官方，透過充分的溝通與協商，解決民眾迫切的問題，並且擴大和深化兩岸的交流。

我主掌下的陸委會，非常強調「門打開、阮顧厝」的精髓，以及「既推動、又把關」的方法。我們堅守台灣主體性，捍衛中華民國主權，堅持兩岸文流的果實要為人民所共享，必須照顧弱勢者的權益，不能獨厚財團。在策略上，馬政府上任一開始，陸委會就強力界定、主導推動兩岸關係的步驟：必須循序漸進，掌握節奏，鬆緊有度。這個策略，透過陸委會聰明的落實，長期得到各方穩健支持，才沒有被當時某些政治躁進勢力給傷害或破壞掉。

陸委會非常重視兩岸交流秩序的維護，經過不斷溝通和實際效果之印證，終能得到對岸的理解與正面回應，因此，兩岸雙方也能一步一步逐漸共同合作，管理兩岸交流的秩序，儘量避免失序，或者糾正已發生的失序狀況。

在兩岸協商議題優先順序的設定上，當時陸委會主張應該要與眾多民眾利益相關的民生與經濟議題為主，並且要以解決社會長期存在之問題為要，這個原則得到對岸積極正面的回應，雙方都付出很大的努力去推動。我個人相信，只有這樣才能步步穩健地推動兩岸關係的良性發展，當能夠得到眾多人民的支持，這個正在努力建構中的良性發展也「才有機會」長久走下去。

然而，在執行上，這非常不容易，因為內、外各方政治勢力經常刻意地、急躁地操作自己要的 agenda（個別目的或個別利益）。面對各方角力的狀況，陸委會必須要有堅定的政策理念、精明的策略、有效的方法、和執行任務的決心與能耐。陸委會不僅要挺得住，更要能落實兩岸協商與交流的果實。個人深信能夠做出成績，才會有社會說服力，也才能挺得住。我是局中人，很清楚在兩岸關係極端複雜的政治形勢下，陸委會所面對的複雜多重棋局，如果個人沒有承擔巨大壓力之魄力和意志力，以及沒有長遠的眼光與能耐是很難做到的。

我衷心感謝當年在陸委會一起打拚共事的工作夥伴們，大家一起成長與衝刺，我注意到陸委會內沒有一個人有 personal agenda（自利的考慮），我們就是盡心為國效力。其實，我自己的學習和收穫最多，因此，再怎麼困難，每天都充滿鬥志，似乎沒有什麼可以挫折我的信念和信心。跟具有智慧和能力的人一起工作、探討看法和鑽研解決方案，是我在陸委會四年多中很享受的時刻，那裡有機靈聰慧的頭腦、熱情綻放的靈魂，很懷念當時和工作夥伴們一起共事的時光與場景。

兩岸關係從二〇〇八年五月之後，開始大幅正面改善。在我主政陸委會那四年多，透過兩岸制度化協商的建立和如序進行，兩岸簽署了十八項重要的民生和經濟性協議。直航協議便利了眾多民眾兩邊往返；陸客來台旅遊協議提供台灣基層觀光旅遊休閒交通餐飲等廣大業者的生機；食品安全協議提供眾多消費者食安權益的保障；共同打擊犯罪和司法互助協議大幅減少市井小民深惡痛絕的詐騙，並且引渡許多潛逃對岸的罪犯回台；金融合作協議、農產品檢驗檢疫合作協議、智慧財產權保護合作協議、醫療衛生合作協議、投資保障協議、海關合作協議……等等，在在都是在處理與民眾利益相關的重要問題；而ＥＣＦＡ協議至今仍帶給台灣眾多出口產業、中小企業、傳統產業和農漁業者實質重要的商機。

長期來，台灣社會對兩岸關係的看法，歧異非常嚴重。數十年來，兩岸關係經常被政客們刻意的、或便宜行事的操弄成極端的、不共戴天的意識形態。對立分明，很難理性客觀。不管你喜不喜歡，這就是台灣的政治與社會現實。在陸委會那幾年，當面對認同問題與意識形態極端分歧的台灣政治環境，以及面對兩岸議題極為敏感的台灣本土社會，我和陸委會團隊，直接深入草根，頻繁地與基層民眾坦誠雙向溝通，傾聽民意，降低民眾的疑慮，努力擴大大陸政策的社會基礎。過去的政治工作經驗告訴我，政府的大門要敞開，能夠無懼地面對民間力量的政府，才知道老百姓的心聲，才知道怎麼推動政策會更有效率，更接近民意，如此也才能有效引導民意。雖然與草根基層溝通並不是文官體制官員們所熟悉的經驗，但凡事都有第一次，兵隨將轉，陸委會工作夥伴們的快速調整和那幾年所付出之熱情與敬業，很可愛，讓我深受感動。

為了促進族群和諧，我們一起積極推動大陸配偶權益的改革，這是為了減少認同政治所造成的社會衝擊，也是為了兩岸關係長遠的發展打造比較理性、良善的社會基礎。在台港澳關係的發展上，陸委會達成了史無前例的不可能任務，成功地卸下了我國外館香港事務局，被迫在香港沿用了四十五年的侮辱性駐館名稱「中華旅行社」，並讓我國政府的駐港、駐澳機構正名為「台北經濟文化辦事處」，提升我駐館的地位與功能成為涉外機構的正常狀態，與中華民國所有外館相同。

在陸委會那幾年，透過真正實踐，我深刻體會到、見證到兩岸關係理性健康的經營，雖然困難，但重要的是，它充滿可能性和可行性。這本書記錄了這樣的可能性和可行性。因此，「鑄劍為犁」的內涵與精神貫穿了這本書。金門有一家鋼刀廠，將過去中共砲打到金門的廢砲彈做成了知名好用的菜刀，為眾多觀光客和家庭主婦所喜愛。兩岸關係必須「鑄劍為犁」。

在陸委會那一段幾乎渾然忘我的投入，對我個人的生命有著莫大的意義，是我極為珍惜的人生歲月。

很感謝馬總統長期的相挺，在政壇上，這很稀有，因為我和馬總統及國民黨毫無淵源。馬總統敢用我在陸委會主委這麼重要的職位，把當時最重要、最棘手的大陸政策及兩岸關係的推動交到我手上，正顯示他用人格局開闊，有遠見。我在各界瞠目結舌中上任，未到職前，輿論就有巨大聲浪阻止我，剛任職就要我去職，每隔一段時日，媒體上就會有我將下台的傳聞，有心者總會不死心地不斷放話。如此走過了四年多，我成為陸委會史上任期最長的主委。馬總統信守當初找我接任陸委會主委的初衷和承諾，是有「指揮道德」的長官，這在政壇上並不多見。四年多中，不管是大陸政策的專業或兩岸關係的政治形勢分析，他都充分尊重與支持，我及陸委會團隊所提出的分析、評估和建議。這讓我們那幾年在統籌大陸政策和推動兩岸關係進展的工作上，能夠穩健前行。

幾年前，幾位好友鼓勵並督促我，應該將在陸委會推動兩岸關係正面改善的歷史性重要突破，擇要記錄出書，留下借鏡。我雖有了動心起念，卻由於全心全力照顧呵護生病中心愛的父母，我的心境與精力皆無法從父母身上移開，而投入到這本書的工作上。謝謝好友們對我的信任，沒有放棄念頭，時常提醒我出書的重要。此書的整理與寫作因此一延再延，感謝林庭瑤的理解、耐心和大力協助。

要特別感謝好友張春華在我生命困境中一路傾聽，付出溫暖的友誼，以及充滿同理心的支持，讓我過去七年在面對父母生病的巨大內在掙扎與痛苦中，沒有崩潰。曾是重要媒體評論版優異主編的她，始終認為為歷史留下紀錄，出書本身就有意義，鼓勵我完成。

最後也是最重要的，我以無比虔誠敬愛的心感激與感恩我的父母。沒有他們在我人生過程中，無怨無悔的容忍與愛、從沒有打過折的信任、以及豐富的鼓舞與支持，我不可能如此全心全力、淋漓盡致、專注地投入到人生每一個階段的志業，熱情揮灑、實現理念，為台灣做事，為民眾福祉奮鬥。

「以蒼生為念」是爸爸媽媽給我的無形寶貴影響，是身教。這個美好資產，讓我在過去前行無懼、受用無窮。我要將這本書獻給我最摯愛的父母，爸爸賴英傑在二〇二二年四月往生，媽媽賴王秀霞在二〇二三年六月往生，留給我無止無盡的思念啊！

編著序

賴幸媛這個人——堅韌、優雅又強悍

林庭瑤

鎂光燈前消失好一段時間，賴幸媛穿著花色洋裝、掛著招牌微笑現身，外貌跟陸委會主委時期沒有太多不同。問她何以不穿戴招牌的黑色套裝、黑框眼鏡，她說：「已經卸下官職，就不必那麼拘束了，這件比較亮！」

回想二〇〇八年跟賴幸媛初識時，坦白說，我曾有兩次「誤判」。第一次誤判，賴幸媛才剛進入陸委會接任主委，我私下以為她撐不過半年。當時來自府院黨許多小道消息，三不五時就傳出「換賴說」，國民黨的友人更是拍胸保證換人，各家媒體競相猜謎押注新人選，最後證明又是一場謠言。記得她曾質問我：「為什麼對我這麼沒有信心？」

其實不只我一個人有「疑賴論」而已，國安會前副秘書長張榮豐也有同樣的誤判經驗。張榮豐曾跟我說，他在二〇〇〇年在國安會剛認識賴幸媛時，原本不太看好她，感覺她像是個學者，不像是個政務官，「我一開始不太看好她，」後來張榮豐跟賴幸媛較熟識後才說：「那時有點看走眼。」我聽了張榮豐的說法，深有同感，因為幾年後，我自己也活牛生看走眼了。

賴幸媛是個性很 tough 的人，做任何事都鍥而不捨，百分之百專注投入，堅持任務使命必達。過去擔任國安會諮詢委員、立法委員、陸委會主委、駐 WTO 大使，凡走過必揚起塵埃，有種獨特的堅毅和韌性，會讓周遭的人很不自覺地跟上她的節奏。借用奧地利心理學家阿德勒（Alfred Adler）的話來說，她不服輸的個性，也不在乎被討厭，乃至於有著「被討厭的勇氣」。

賴幸媛是個工作狂，她的黨政好友說：「打選戰時，不管開會到多晚，其他人都恨不得立刻回家睡覺，賴幸媛卻堅持還要在立院辦公室，再多看些資料。」立委那三年，賴幸媛都是立法院最晚下班的人，讓立院警衛印象很深刻。在國安會工作的時候，幾乎每天深夜都抱著一疊資料，埋首工作，緩緩地走回植物園後門附近的住處。到了陸委會亦復如是，她沒有改變這種焚膏繼晷式的工作方式，因此影響了陸委會同仁，也不知不覺地上緊發條。宛若拚命三娘的她，承受各方亂箭，接任主委不久就病倒住院了，那時我還在祝福卡片上留言：「期盼主委早日康復，回來接掌陸委會，不然兩岸拚命鬆綁，沒人踩煞車啦！守不住『以台灣為主、對人民有利』的兩岸政策。」

從國安會、立法院到陸委會，賴幸媛給人的印象就是「堅韌、優雅又強悍」。賴幸媛的口頭禪就是：「要投降，也要堅持到最後一秒鐘再投降。」說完，得意之處，她會微微揚起頭，甩動一下頭髮，神情猶如孔雀般展露自信。她喜歡常戴耳環，耳環素樸不貴氣，這是她在英國留學時受到南亞和非洲國家友人影響，她收藏了上百副耳環，每一副都代表一個友誼的記憶，因為戴耳環代表的是「進步、反戰、反歧視」，代表了激進左翼的價值觀。

我對賴幸媛的第二次「誤判」，則是兩岸簽署《兩岸經濟合作架構協議》（ECFA）的進度。那時社會輿論認為兩岸速度快了點，不至於一下子就進展到這項重大協議，應該還會拖延一陣子；但萬萬沒想到，賴幸媛突破萬難、披荊斬棘，竟然能夠簽成讓台灣社會受惠至今的ECFA，建立了這個維繫兩岸經貿和社會間的臍帶。後來才知道，原來背後有「德立管道」扮演幕後功臣。

賴幸媛是關鍵時期的關鍵人物，施威全跟我說：「賴幸媛是政治邊緣，政策核心」、「對協商策略和細節很天才，抓得很緊」。賴幸媛也跟我說：「有時回頭一想，我也不知道我為什麼會在歷史潮流當中，扮演這麼重要的角色？扮演這麼關鍵的角色？而且造成了很多的改變。」怎麼也沒想到，居然成了任期幹最久的陸委會主委（附

註），甚至於戰功彪炳。

賴幸媛常對我說，在陸委會期間，她完全沒有投降的時刻，因此布局能力和策略很重要，必須要 Agenda Setting（設定議程），要有步驟、有策略，要讓對方來配合我們的議程，而不是我們去配合對方的議程，掌握議題的主動權。習近平對台政策一再說「要牢牢掌握兩岸關係的主導權」，但賴幸媛認為，我們要扮演關鍵力量，拿到兩岸關係的主導權。

上任之初，北京當局對賴幸媛的人事安排有意見時，有中共官員私下問我駐港代表：「為什麼會這樣子？」駐港代表回說：「這是讓台灣人民有絕對的安全感。」如同有次馬英九在總統府邀請學者小型座談對話，有重量級的學者跟馬說：「你會有第二任，是賴幸媛幫你擋第一任。因為你任命了賴幸媛，讓台灣人民有絕對的安全感，所以投了你第二任的票。」據說馬英九為此深感得意，因為找賴幸媛就是他的點子。

除了 Agenda Setting，賴幸媛也很強調「兩岸制度化」。特別的是，賴幸媛政策思維的邏輯嚴謹，她的布局能力很強，有謀略膽識，設定目標後，會很有策略地去逐步完成。賴幸媛說：「兩岸很多是有可能的，雖然過程充滿困難和挫折，但只要目標清楚、有策略，不斷努力地 engage，是有可能達到目標的，如同追求和平需要努力。」可惜的是，兩岸和平的前景蒙塵。

賴幸媛留下了什麼歷史遺產？不只有ＥＣＦＡ，還有兩岸共打、港澳辦正名、兩岸投保、陸配權益改革、醫藥衛生合作、農產品檢疫檢驗……，十年一瞬，回首來時路，一件又一件都是影響深遠的里程碑。蔡英文曾說ＥＣＦＡ是「糖衣毒藥」，也說是「喪權辱國的不對稱條約」，而今執政後，綠營把兩岸服貿批得一文不值，但就是不敢輕言廢掉ＥＣＦＡ。因為ＥＣＦＡ及其後續協議所代表的精神，不只是台灣可從中獲得兩岸經濟紅利，而且是台灣社會自我保護的兩岸和平象徵。

賴幸媛的堅韌和強悍，其實就是要「保衛台灣社會」。她的學術底子就是左翼進步的價值觀和世界觀，落實到行政權就成為治國術。當兩岸要求簽署ＥＣＦＡ的同時，也需要有台灣社會的自我保衛機制，而不是全面進入贏家通吃的資本遊戲世界。匈牙利社會學家博藍尼（Karl Polanyi）《鉅變》（*The Grand Transformation*）一書指出，當自由市場制度急速發展，吞噬了時間和空間，腐蝕了社會機制之時，人類社會本身出現自我保護運動。社會自我保護運動如果失敗，結局必然是諸種災難和危機。如ＥＣＦＡ、投資保障等協議，不只重視經濟發展，更是保衛台灣社會；兩岸經濟政策不是自由放任（Laissez-faire），而是需要有秩序的管理及照顧社會弱勢。

戰爭與和平是人類生活的天平兩端，一下子擺盪到戰爭，一下子擺盪到和平，而今台海局勢緊張升溫，被英國《經濟學人》稱為「地表上最危險的地方」，似乎擺向戰爭那一端。回首十多年前的ECFA談判，那可不只是一份經濟協議，也是兩岸聯繫的臍帶，也可說是一個和平象徵。你想想，如果沒有了ECFA，或任何一方宣布中斷ECFA，兩岸人民深層心理會不會對戰爭的恐懼加深？會不會更加惶惶不安？

縱使當前兩岸敵意螺旋上升，但畢竟即使是戰爭，最後還是要回到談判桌上解決，俄烏戰爭也非例外。賴幸媛是兩岸談判高手，長期與中共的交手經驗，這份重要的歷史遺產需要留下紀錄。隨著兩岸關係走入冰河期，與中共當局有談判經驗的人已越來越少，賴幸媛的豐富經驗更顯彌足珍貴。誠如這本書的三個目的：一是賴幸媛身為關鍵人物的歷史記憶；二是為兩岸大協商和大交流的黃金年代留下歷史紀錄，以扎實準確的資料作為基底；三是讓大家瞭解中共的談判模式，作為未來互動的因應對策。從這本書裡可以看到，賴幸媛疏理出對中共的談判策略，提供未來談判交手與預判情勢的參考。

最近幾年，賴幸媛最專注的事是——照顧爸爸和媽媽。她從日內瓦回台後，就專心照顧年長的爸媽，自己幾乎變成了家庭醫師。有一回賴幸媛短暫離開母親床邊，去照顧父親，趕回來上氣接不了下氣，喘得很兇。賴媽問：「你去哪？」賴幸媛：「我去照顧爸爸啊。」賴媽白了一眼，突然大口喘氣說：「我嘛在喘ㄟ。」沒想到賴媽也會吃賴爸的醋，在女兒面前爭寵。談起照顧父母滔滔不絕，她每天在父母床邊唸《藥師經》，賴幸媛有感而發地說：「人生終須一別，只求不留遺憾。」強悍的個性有顆柔軟的心。

賴幸媛的中英文造詣能力都很強，跟她來回討論與改稿過程中，費了很多功夫，可以感受到她那種追求完美主義，為了找一個精準的詞挖空心思，對細節要求很高的「磨功」。但她也不吝於肯定和鼓勵，尊重我提出的架構與行文，有時扮演指導教授的角色，會丟出問題引導你去思考，但又不得不佩服她的縝密思維和邏輯周延，我們會為了找到一個生動的 episode 而欣喜，當我感受挫折且有埋怨時，她帶有安慰地笑說：「這就像寫博士論文一樣。」這本書所花的心神精力也跟博士論文差不多了。

很榮幸跟賴幸媛主委合作完成這本書。終於付梓，感謝威全扮演關鍵的幕後推手。這本書，原本是我的人生摯友楊泰興執筆，但泰興不幸英年早逝，這個任務就交到我的手上，終於可一償泰興的遺願。感謝被我打擾的陸委會好友們，也感謝太太曉卉、兒子傑思，讓我無後顧之憂，可在假日專心趕稿，更要感謝張果軍董事長、夏珍姐、典蓉姐、顧爾德，接納了我進入《風傳媒》大家庭，讓我能夠自由揮灑完成這本書。

賴幸媛有一句話，讓我受用無窮，她說：「為了要使工作繼續進行，我一定要去承擔，我一定要做得比人家更多、要更專業，這樣才有辦法說服老闆。」長期跑黨政和兩岸新聞的經驗，我有時不禁回想，如果時光倒流，如果賴幸媛仍是陸委會主委，在她率領陸委會官員進行策略布局、領導談判下，那麼勤於跟國會立委、產業界溝通，那麼勤於下鄉與社會大眾溝通，在她主導下的服貿和貨貿，或許就不會卡關、不會被汙名化，或許會有更完整的ＥＣＦＡ，也許不會發生太陽花運動了，一如她多次引述《歌劇魅影》經典之語：the Point of No Return。

附註：以單一任期來計算，蔡英文當陸委會主委四年，陳明通有兩段主委任期，加總起來時間也是四年，但都比賴幸媛的四年五個月還短。

第一章

Why Me？

李登輝與馬英九的兩岸政策主張，台聯與國民黨的統獨政治光譜，內定陸委會主委的賴幸媛如何相互調和？她進入馬英九政府之後又要扮演什麼角色？中外媒體對賴幸媛將如何達成這項「不可能的任務」，無不投以關注……

貪腐弊案把陳水扁打得滿頭包，經過兩顆子彈、紅衫軍之亂、海角七億、國務機要費弊案，台灣人民「討厭民進黨」到了極點，望治心切。二〇〇八年三月二十二日，馬英九以七五六萬高票勝選總統，掀起「小馬哥旋風」，成了如日中天的藍營共主。反觀民進黨，在立法院掉到二十七席，潰不成軍。

新局開始

國民黨未來的主戰場，一定是在「兩岸政策」。藍營中人，無不覬覦陸委會主委的這個位子。當時報派的陸委會主委人選很多，各媒體瘋狂大猜謎，包括陸委會前副主委高孔廉、中研院院士朱雲漢、前駐港代表張良任、鄭安國……等。可是，任誰也聯想不到會是賴幸媛。

四月十四日

暮春時節，馬英九為五二〇就職緊鑼密鼓籌組政府團隊。就在四月十四日這天，馬競辦操盤手、外號「金小刀」的金溥聰，約了賴幸媛在榮星花園旁一家咖啡廳見面，開門見山說：「馬總統希望你到新政府團隊！」金溥聰進一步說：「當時我聽到這個人選時，就說太好了。」這個位子就是藍營內部覬覦、萬眾矚目的「陸委會主委」。

這個意外的人事安排，著實讓賴幸媛嚇了一跳。「Why Me？」賴幸媛形容，當時自己一聽，差點從椅子上跌下來。乍聽之下，她感到不可思議，受寵若驚之餘，也抱持高度疑慮：「這個位子，真的要找我嗎？你們有沒有想清楚？如果對馬總統和新政府團隊會扣分的話，千萬不要考慮我。」

「Check and Balance！」金溥聰斬釘截鐵地回答：「馬總統沒有第二人選，指定的就是你。」金溥聰希望賴幸媛盡快回覆，因為時間非常急迫。

這個人事安排帶給了賴幸媛巨大的震驚，也完全打亂了她之後的生涯規劃與生活節奏。那時，賴幸媛的態度是游移不定的，甚至傾向於婉拒馬英九的盛情邀約。

首先，身為台聯黨背景、剛卸任的不分區立委，賴幸媛一直協助台聯黨跳脫統獨光譜，轉型成為中間偏左翼、關懷社會弱勢的進步政黨。這個想法獲得了台聯精神領袖李登輝的大力支持，在黃昆輝主席的領導下也已經進行了一年多的時間。一旦接任陸委會主委，就打亂了原有計畫。其次，賴幸媛憂心這個人事案不利於馬政府的兩岸政策布局，畢竟賴幸媛並非出身於藍營，缺少國民黨的奧援，這令賴幸媛預判，這項新人事布局必會引爆藍綠紅三方勢力排山倒海的反對浪潮。

****

金溥聰給了賴幸媛五天的考慮時間。賴幸媛離開咖啡廳後，立刻飛奔到新北市輔仁大學，徵詢她過去在國安會工作時的「袍澤」——前國安會副秘書長、台灣戰略模擬學會理事長張榮豐。

張榮豐是追隨李登輝前總統已經十二年的核心幕僚，曾擔任兩岸密使，負責國安幕僚工作，擅長謀略策劃。他曾歷經一九九六年台海危機、戒急用忍政策、辜汪會談等兩岸事件，並在二〇〇〇年首次政黨輪替後，被陳水扁借重到國安會擔任副秘書長，與賴幸媛成為同事。賴幸媛以國際經貿談判長才，被陳水扁邀請進入國安會擔任諮詢委員，曾執行二〇〇一年WTO入會政治談判、台美稻米談判、時任WTO秘書長蘇帕猜協助中共企圖矮化台灣案、促成阿富汗新總統和內閣成員到東京開聯合國的阿富汗重建會議……等任務，這段資歷與鍛鍊，讓她迅速成長茁壯，不但熟悉了整套的國安體系運作模式，更結識了她敬重的工作夥伴——國安會秘書長丁渝洲、國安會副秘書長張榮豐、國安會秘書處處長劉湘濱等人。

賴幸媛於二〇〇四年五月離開國安會，隔年二〇〇五年二月進入立法院擔任台聯不分區立委。對此職務原本高度排斥的她，把自己定位為專業幕僚，自認並不適合站在第一線，擔任當時被自己「瞧不起」的立委工作。但在丁渝洲、張榮豐、劉湘濱、王章清和社運界朋友的鼓勵和期許下，賴幸媛硬著頭皮在二〇〇四年九月同意接下了台聯不分區立委的提名。進入立法院後，賴幸媛成為為弱勢團體發聲的左派立委，例如：運用WTO機制挽救雲林毛巾業，更成為她令人印象深刻的代表作。

賴幸媛之所以稱張榮豐為「袍澤」，因為兩人在國安會共事期間，在執行諸多專案任務時，培養出高度信任的袍澤情誼。如同張榮豐所說，袍澤精神有美國西點軍校的淵源，在國安會執行任務風險高、難度大，需要高度信任，他說：「袍澤間同生共死，即便戰死沙場，也要把同袍的屍首帶回來。」

在張榮豐眼中，賴幸媛專業能力強，有擔當、有正義感，個性是非分明，講話直率，執行任務能力很強，是一個鍥而不捨、面對挑戰不會輕易放棄的人。張榮豐相信賴幸媛的能耐，一開始就支持她接受這個職務，但也提醒她：「這不只是當官，要去做事。」由於和馬團隊還須進一步溝通，張榮豐應允，陪同賴幸媛會見金溥聰。金溥聰也很爽快回覆：「歡迎！」

戒慎恐懼

To be or Not to be？此刻的賴幸媛，彷彿徘徊在盧比孔河畔的凱撒，反覆思索：要不要跨出河界，前赴戰場——選擇承擔，迎接挑戰，為國家人民做事？或者選擇拒絕，避免受到傷害？對任何重大事情，賴幸媛都會周延思考後再做判斷決定，對陸委會主委這個職位尤其戒慎恐懼。同時，她開始認真詳讀馬蕭的兩岸政策競選政見和白皮書，她要先熟悉馬英九的大陸政策理念。

四月十八日

經過幾天反覆推敲研判，賴幸媛思考能否禁得起挑戰，並擬出自己會面臨的種種困難和障礙，又要具備哪些條件。四月十八日，賴幸媛在張榮豐的陪同下，與金溥聰相約在新台灣人文化基金會，對雙方看法再進行深入溝通，近三個小時的談話，中餐還一起吃水餃。賴幸媛準備許多提問，雙方交淺言深，坦率誠懇交換意見，她發現，與金在許多理念上契合，也感到金的個性正派有擔當。她在日記上寫道：「雙方頻率接近，對我接受挑戰是很大的推力。」

賴幸媛對金溥聰說，馬政府的兩岸政策配套一定要做好，兩岸交流的果實應由全民共享。金溥聰表示，最反對特權者去對岸「喬」利益，並笑說：「大喬小喬遊江南，是讓人瞧不起的。」金溥聰說，在政府裡，正面的人越多，力量會越大，存在就是力量，要保存實力，才能創造改變。他相信，「未來的馬總統會尊重你所說的 dignity（尊嚴）和 integrity（誠信）。」

不過，張榮豐憂心賴幸媛會被人出賣，向金溥聰提出兩個建言：一是希望用人的長官要有「指揮道德」，要避免讓部屬陷於危疑境地，否則部屬不會把生命和職涯交給你；二是國安團隊很重視「袍澤精神」，對賴幸媛應高度信任、不能出賣。金溥聰拿出紙筆做紀錄，展現高度誠意，並表示會向馬如實秉告。

賴幸媛則向金溥聰坦言：「感到 honored（榮幸），很有吸引力。」但這麼重大的挑戰，還需要跟馬英九當面溝通。她對金溥聰說：「不能立即答應，需要幾天，我有台聯黨員身分，在道義上和政治上，都需要向李登輝前總統和黃昆輝主席做報告，並得到他們的支持。」

四月十九日

四月十九日，同樣在新台灣人文化基金會，賴幸媛與馬英九兩人初次見面，談了一個多小時。賴幸媛直問：「Why Me？」馬英九說：「我在陸委會有很多老朋友，我原本可以找他們，但是『他們都太老氣了』。找你，是正確又有創意的最佳人選。」

> 馬英九：找你，是正確又有創意的最佳人選。

沒有意識形態包袱

馬英九主動說明邀賴幸媛入閣的三個理由。首先，因為賴幸媛有豐富的政治經驗和歷練，熟悉包括WTO在內的國際談判事務，也熟悉國安事務與工作，又熟悉立法院的生態和人脈，在立法院問政專業而理性，比如運用WTO機制捍衛了雲林毛巾業案，令他印象深刻。

其次，賴幸媛沒有意識形態的包袱，因為台聯已從主張台獨轉向中間偏左、照顧弱勢的政黨，跳脫統獨的意識形態，有助於統合台灣的內部意見。

第三，馬英九要當不分黨派的全民總統，要組成全民政府。馬英九說：「兩岸發展要步步為營，找賴幸媛接掌陸委會，就不會讓國民黨『衝過頭』，也會讓沒投給馬英九的五百四十萬人相信我『不會賣台』，讓他們能夠安心。」

馬侃侃而談，盛情邀請賴幸媛「不只是要當剎車皮」，希望推動兩岸政策「不是一言堂」，也是為了凝聚社會共識。馬希望賴幸媛未來下鄉多溝通，與綠營支持者深入溝通，協助推動兩岸關係的良性發展，擴大兩岸關係的社會基礎。

馬有感而發地說：「在我有生之年，不可能解決統獨問題，統獨問題要留給下一代解決，只要維持現狀就可以相安無事。」至於兩岸如何維持現狀，如何相安無事，有些需要語言去「包裝」，語言上要讓雙方下得了台，也就是所謂的「創造性的模糊」。

馬英九自稱堅決反共立場，但也絕不搞法理台獨，兩岸關係不同於兩德關係，兩岸目前不可能互相承認，只要互不否認，能做到實質對等就很好了。馬還提到「要繁榮，要和平，要尊嚴」，並且推動「活路外交」政策，要在「以台灣為主、對人民有利」的原則下推動兩岸關係的改善。

賴幸媛與馬英九的初步接觸，充滿善意，但互信仍需培養。個性率直的賴幸媛在這樣愉快的場合，提出了掃興的話——她主動向馬開出五項條件：

首先，她強調不加入國民黨，也不幫國民黨選舉站台。這獲得了馬的正面回應。

由於預見未來接任陸委會主委將荊棘滿布，賴提出第二個條件，未來遇到困難必須直接找馬談，而非第三人轉話。馬回說：「完全同意，有任何困難可以直接找我。」

賴幸媛再提第三個條件：如果將來必須要離開時，我一定要有尊嚴地離開，您不能讓我在報紙上看到被免職！」這就是「指揮道德」。馬聞之大笑並承諾說：「沒問題，我不像陳水扁那種人。」

我就是你的盟友

第四是賴幸媛要求，要有陸委會副主委的建議權。馬說：「絕對沒有問題，我們可以共同商量。」之後，賴幸媛得以重用陸委會兩位老臣劉德勳和傅棟成。

賴幸媛的第五個條件，是需要盟友。由於國民黨重視論資排輩的大老文化，賴幸媛從台聯黨員身分進入國民黨政府，更顯形單影隻，她直言：「馬總統，我需要盟友。」

馬回應：「count me in（把我算在內）！我就是你的盟友。我不是用黨領導兩岸工作，我是用總統和行政院領導兩岸團隊。」

賴馬互動獲得初步共識，熟悉國安體制的賴幸媛向馬獻策，提出重建國安決策機制。馬聽了很感興趣，請賴提出一份「建立國安機制之芻議」計畫書，後來形成很有馬英九風格的兩岸小組（又稱六人小組）會議，包括總統、副總統、行政院院長、國安會秘書長、陸委會主委、海基會董事長是當然成員，每周一下午開會，由陸委會負責統籌協調大陸政策的總體幕僚作業，整合各部會意見，提出檢討報告與建議方案，五二〇後隨即上路。

馬英九滿懷誠意求才，讓賴幸媛怦然心動，但她心裡明白，政治上還需要李登輝的祝福，以及黃昆輝的諒解，才能減少預期中的障礙。馬英九允諾，若賴幸媛同意接任，他會親自去拜會李登輝和黃昆輝，讓賴無後顧之憂。

賴幸媛在日記中寫下：「Check and Balance，我在穩步推進，相信會走出一條路。」

四月二十日

「你一定要入閣，我一周後將會宣布最後一波人事案。」準行政院院長劉兆玄四月二十日傍晚在新店約見賴幸媛送暖，態度十分誠懇地談了五十分鐘，好似擔心賴幸媛不肯入閣，劉不斷鼓舞她。賴幸媛又問：「Why Me?」劉兆玄說：「It's you, nobody else, but you.」

進入馬政府的賴幸媛，需要盟友，馬已同意願當賴的後盾。劉兆玄也說：「請算我一份！」劉兆玄強調，賴不會寂寞，對於國民黨內部的雜音，自然有管道可以擺平，劉兆玄甚至說：「我會為你擋子彈，至少降到最低的程度。」

此時的賴幸媛，因受到器重感到榮幸，但又戒慎恐懼，如履薄冰。還在憂心，自己可能變成劉內閣推動政策的絆腳石。賴幸媛說：「接任陸委會主委，我完全沒有私人目的（Personal Agenda），我相信您接院長也不會有。我們有共識，重視台灣主體性，重視台灣人民的利益，而不是達官貴人的利益。」

劉兆玄表示，賴幸媛如果同意入閣，一周後就會公布人事，「馬總統不是教條主義者，願意在各種地方調整，有任何意見可以告知，我們會在國民黨內部幫你。」劉兆玄並提及，可以共同研讀政策白皮書，形成共同方案，產生共同目標。

我們有共識，重視台灣主體性，
重視台灣人民的利益，而不是達官貴人的利益。

四月二十一日

與馬、金、劉初步溝通達成共識後，緊接著是細膩的政治工作。賴幸媛再度邀張榮豐同行，四月二十一日早上親自去翠山莊拜訪李登輝。賴幸媛形容，當時李登輝笑容滿面，煥發光采，還特別準備了一瓶德國白酒：「恭喜！恭喜！這瓶是要送給你。」

李登輝問：「來來來，什麼位子？」愛護子弟兵的心情溢於言表。

「陸委會主委。」賴幸媛漾起笑容說道。

李登輝頓時瞪大眼睛，身體從椅背往前傾說：「太讚ㄟ，你一定要去接。」李登輝肯定賴幸媛的智識、思考、膽識、專業與協調能力，認為賴接下這個位置對台灣未來有正面意義。

不過，賴幸媛憂心地說：「我還沒有答應哦，去接那個位子，一定會被罵到臭頭。」

李登輝砥礪說：「不要怕被罵，罵也不會痛，鑽石要磨，才會發光。」又說：「你嘸免驚，你要去接，你心內要想，我在你的後面支持你。」

李登輝的鼓勵

縱橫政壇多年的李登輝深謀遠慮，曾在一九九〇年代主流／非主流鬥爭時，把參謀總長郝柏村借重到行政院擔任院長，當時還說「肝膽相照」，被視為一大高招；這招也被陳水扁東施效顰，邀請國防部部長唐飛接任行政院院長，但唐飛從上任到下台僅短暫的一百四十天，引來各界嘩然。

事隔多年，李登輝竟然反覆琢磨了「政壇模範生」馬英九竟然會出這招棋，私下用台語嘀咕說：「馬仔怎麼會想到要用幸媛？真有意思，真有意思。」

李登輝還跟賴幸媛大談「九二共識」和「一中各表」。在李登輝眼中，「九二共識」就是「沒有共識的共識」，兩岸在一九九二年根本不存在「九二共識」。至於「一中各表」，李登輝認為，這來自於美國前白宮國安會顧問季辛吉（Henry Kissinger），季辛吉和中國總理周恩來一九七二年在《上海公報》談出來的，這是一種政治妥協。這也是後來美中雙方不同認知，美國稱為「一中政策」，而中國稱為「一中原則」。李登輝說，他所認知的「一中各表」就是「中華民國在台灣」，中國大陸方面要怎麼講是他們的事。

那時李登輝對馬英九的印象不錯，李提醒賴幸媛：「你不必煩惱國民黨，馬總統需要你去處理大陸政策。你一定要組一個好的幕僚團，做的時候要注意細節。」李登輝還給了賴幸媛一個重大建議：「半年內要把海基會取消掉，海基會的功能在辜振甫時代就結束了，讓陸委會與國台辦直接對談，你要把這個當作重要目標。」

賴幸媛沒想到李登輝竟是即刻百分之百支持。但在那個當下，賴幸媛還沒下最後接任的決定。

四月二十二日

到了四月二十二日，賴幸媛猶豫加深，內心兩股力量在拉扯，深入思考後，傾向婉拒，她覺得這個挑戰實在太大、太困難了。她在日記裡寫下：「難以做決定，傾向婉拒。」不過，賴幸媛心裡卻也有一股很強的聲音：「如果沒有膽識接受這個挑戰，我一定一輩子都不會原諒自己的。」而這個聲音越來越大，蓋過了另一個聲音。

四月二十三日

四月二十三日，想定後，賴幸媛打電話給金溥聰，同意「接受」這個挑戰，並請馬英九盡快親自拜訪李登輝與黃昆輝。賴幸媛提出六點基本主張，請金溥聰轉達馬英九：

一、未來兩岸任何協議都不能改變台海現狀，也不能損及國家主權和台灣的主體性。

二、未來兩岸交流與對大陸政策的開放都要有完善的配套措施，這是為了降低外部性效果與社會衝擊。

三、未來兩岸開放的利益必須全民共享，而不是特定的財團與既得利益獨享。

四、大陸政策的推動要有助於兩岸關係實質的改善與東亞和平穩定。

五、我會本著務實善意的態度推動兩岸關係的改善，兩岸關係的任何作為都需要雙方的善意與共同努力。

六、如果未來無法維護台灣主體性和全民利益時，我個人毫無戀棧，會知所進退。

馬英九同意這些主張，因為這與「以台灣為主，對人民有利」的大原則相符合。賴幸媛說，她在這些前提下，可以同意「一中各表」。從台灣的角度來說，「一中就是中華民國。」馬、賴之間，取得了共識。

金溥聰也請賴幸媛與馬辦新聞官蘇俊賓保持聯繫。蘇俊賓曾任前立委趙永清的國會助理、前桃園縣長朱立倫的環保局長，與賴幸媛是老朋友，在立法院永續會合作過與環保議題相關的法案，兩人熟識，有利於加速與馬團隊的整合。

扁勢力作梗？

四月二十四日

當賴幸媛承諾接掌陸委會主委之後，隔天卻出現波折。

應李登輝的要求，賴幸媛和張榮豐於四月二十四日傍晚赴翠山莊，李登輝態度從原本正面的高度支持，轉成負面的反對態度。李登輝暗示，有來自陳水扁對李個人的壓力，因為民進黨意圖利用「國安密帳」痛擊李登輝，亦會間接影響到台聯黨。李登輝並告知賴幸媛，已致電黃昆輝這個人事消息。

在李登輝執政期間以「奉天專案」等計畫，將國安局各項秘密預算集中加以法制化，經費總計約新台幣三十億元，歷年累積高達十多億元的孳息。二〇〇〇年，負責管理「奉天專案」相關經費的國安局出納組組長劉冠軍，涉及貪污其中的一．九億元，潛逃出國。二〇〇二年在前總統陳水扁任內，將這些秘密帳戶全部收繳國庫。「奉天專案」有其時代任務，以現在眼光看過去事件，有著「昨是今非」的荒謬感。

失去了李登輝這個重大支柱，讓賴幸媛進馬政府橫生枝節，想必黃昆輝也一定反對。張榮豐替賴幸媛感到擔心，他說：「賴幸媛一定可以承擔，但會擔心她腹背受敵。」

當天晚上，賴幸媛將此新狀況電告金溥聰。金溥聰說：「我們沒有替代人選。在這種情況下，你能不能彈性接任？」

四月二十五日

賴幸媛和馬英九第二次見面，雙方討論了兩個小時，對大陸政策深入交換意見。賴幸媛向馬英九表明：「我很想做事，願意承擔，也相信自己有能力做好這個職務。」賴幸媛告知馬，李登輝態度從支持轉成反對，由於這個位置深具高度政治性，如果沒有李登輝和黃昆輝的祝福與支持，她對馬團隊就是「liability」（包袱），一旦上任，就會是很大的問題。

馬英九跟賴說：「完全沒有替代人選，你一定要來馬政府做事。」賴幸媛建議：「如果馬總統親自向台聯借將，或許李前總統和黃昆輝主席會比較支持。」當晚，馬英九旋即拜會李登輝，期待出現轉圜契機。馬也約了黃昆輝，但黃說當天沒有空。

馬英九拜會李登輝時，展現出了絕對尊重，成為借將事成的關鍵因素，終讓此局塵埃落定。當天晚上十一點半，金溥聰打電話跟賴幸媛說：「馬總統已跟李前總統談過，沒問題了。兩小時的會面，雙方談得很愉快。只是，這位老人家變來變去，不知道會不會再變卦？」

四月二十六日

李登輝從四月二十六日到二十七日主動打了兩次電話給賴幸媛，綜合這兩次的談話重點，李登輝又回心轉意了。李向賴坦言：「前幾天我太自私了，為了台灣的大局，你一定要去接。」

賴幸媛和李登輝兩人在二十六日上午通了很長的電話，李登輝提及跟馬英九談了兩個小時，一是談賴的人事案，另外是李登輝很關注的事情。李登輝跟賴幸媛說：「你接陸委會主委，一開始我是非常支持，但是民進黨最近又對我出手……」

賴幸媛直問：「李總統，您心裡的真正想法是什麼？」

李登輝說：「我心內是支持你去接的，但是我和台聯有困難，因為民進黨強加壓力打擊我們，我也是要跟馬英九講這些困難的。」李登輝想讓馬英九知道，民進黨和陳水扁對老李和台聯出重手。

李登輝向馬英九提出四點建議：一、你一定要支持賴幸媛，要保護賴幸媛；二、不要講「九二共識」，因為一九九二年根本沒有共識；三、海基會一定要廢掉，這個「三軌」太麻煩了，海基會的功能在辜振甫時代早就結束了；四、你要一直強調台灣主體性，一定要顧台灣。

李登輝跟賴幸媛說：「你現在去陸委會，做事不要急，對任何事情不要立即反應。」李登輝又跟賴幸媛說：「要多講台灣主體性。」

要多講台灣主體性。

****

四月二十六日那天，黃昆輝取消了馬英九的會面。當天，黃昆輝與賴幸媛當面談話：「既然李前總統已經同意，你也答應了，我就沒有反對的理由。」

但是，黃昆輝對賴幸媛坦言「很不願意看到」這個人事安排，因為會對台聯造成衝擊。他就台聯黨主席角度來說，該黨最優秀的明星級立委，要去國民黨馬英九政府接陸委會主委，「怎麼，台聯與國民黨合流了？台聯金主和支持者都是深綠，這對台聯的處境太艱難了。」

久歷政壇風雲的黃昆輝對賴幸媛提出忠告：「陸委會主委這個位子非常難做，我在國民黨時代都做得很辛苦。你現在孤立無援、孤掌難鳴，怎麼可能做得好？當然你很有能力，很有智慧，很專業，但是我實在想不出來你能夠怎麼做？」黃昆輝又說，陸委會主委的專業，當然很重要，但更重要的是政治問題。「你是台聯身分，馬又有親中形象，你很難超越藍綠，能不能走出自己的路，我一點都不樂觀。民進黨一定會對你出重手。」黃昆輝對賴幸媛說：「海陸兩會經常大戰，你接陸委會，真的會很傷。」

四月二十七日

李登輝四月二十七日上午九點三十分到十點十五分，再度打電話給賴幸媛，李更清楚完整地談到李馬談話內容以及賴的人事案。李登輝要讓馬英九清楚知道，馬找賴幸媛接任陸委會主委很高招，但對賴幸媛、對李登輝、對台聯三方，都會受到很大的衝擊。

雄才大略的李登輝，有政治領導人的高度和格局。他對賴幸媛說：「為了大局，我一定要讓你去接陸委會主委。」又對馬英九表示：「你一定要照顧幸媛，為幸媛的政治將來，要為她考慮，要支持她，而不是隨手一丟。」李還說：「馬英九都有聽到，因為他都有一直記在筆記本上。」

李登輝說，中共總書記胡錦濤和前領導人江澤民不一樣，江澤民的野心很大，才會去弄「兩塊招牌，一套人馬」，一個國台辦，一個海協會。李對賴說：「我認為你去做是很不錯的、很對的，因為歷史的發展和台灣的發展都是曲折的，不是直線的。」

「你要改變造型」

李登輝談到台灣的未來目標是「民主化、本土化、正常化」。從萬年國代、國會改造、修憲，一步步鋪陳台灣的民主化。一九九〇年代李執政期間，已打下民主化的根基，但陳水扁執政八年，讓台灣空轉。民進黨江河日下時，還在對李登輝和台聯出手。

李登輝說，自己會對外界闡述，賴幸媛這個人事案很好，對馬政府很有幫助，賴幸媛也很有能力。關鍵是，賴幸媛是「被邀請」去參加新政府的，而不是賴「主動脫離」台聯的。後來李登輝接受《美聯社》專訪表示：「賴幸媛能扮演好剎車角色，而馬英九有能力對抗國民黨的內部壓力，不在任內與對岸討論統一問題。」

李登輝特別叮囑賴幸媛：「你一定要忍耐。一定會有很多困難，會有很多刀光劍影。」他提醒：「一杯水不能滿出來，不要太快有任何主張，有任何困難打電話給我。」李甚至對賴幸媛說：「我送你十萬塊錢，你要買好一點的衣服，你要去改變造型，不能一直像研究生的樣子。」

為了賴幸媛的穿著，李登輝曾經向她叨叨絮絮了很多次。賴幸媛回說：「謝謝李總統，您不用給我錢，我不會接受，我自己會去買啦！」

李登輝過去常找賴幸媛和張錫模兩大愛將，以及核心幕僚張榮豐到翠山莊長談到深夜，談知識、談哲學、談國際局勢。李登輝是深諳謀略的政治家，也是戰略家，主軸就是要去維護老百姓的利益，照顧弱勢，維護台灣主體性，把民眾放在第一位。李登輝的政治生命力就是朝向台灣的「民主化、本土化、正常化」，他相信歷史不是直線，而是按照辯證法（正、反、合）的發展方式，曲折前進，即使原本是對立面的，也會設法整合起來，達到最終目標。

****

四月二十七日早上十一點多，賴幸媛接到馬辦發言人羅智強的電話，這是兩人第一次通話。

羅智強跟賴幸媛說：「你接陸委會主委的消息，可能洩漏了。」

賴問：「怎麼可能？」

羅說：「《聯合晚報》可能已經猜到了。你要有心理準備。」

賴問：「為什麼會猜到？」

羅說：「《聯合晚報》資深記者陳志平來電問：『對方是女性嗎？』我沒有回答。陳志平問：『是葉金鳳嗎？』我說：『你不要亂猜啦！』陳志平問：『是賴幸媛嗎？』我只遲疑了兩秒鐘，陳志平就說：『謝謝！』便把電話掛斷了。」

羅智強附帶跟賴幸媛說：「《聯合晚報》會寫出來，你要有心理準備。先不要回應媒體，也不要接任何媒體的電話。」賴幸媛說：「好，我先蒐集情報，等待時機出手。」

金溥聰致電給賴幸媛表示：「要配合馬英九團隊的分析與步調，我們要靜觀其變，疹子要先發幾天再說，我們要等待時機出手。」當天《聯合晚報》就刊出了這個震撼政壇的重磅炸彈。

賴幸媛從接到羅智強的電話到《聯合晚報》報導出來，相隔僅不到兩小時的時間。她趕緊通知兩個人：父親賴英傑和哥哥賴鎮成，她擔心，此事會讓兩人的應對措手不及。

賴幸媛對父親說：「馬總統說要找我去新政府做事，等一下新聞會出來，是接陸委會主委。」賴英傑很高興地笑說：「太好了！這很好啊！」當天記者們就蜂擁趕到台中老家的文武街九號，賴英傑接到很多關心電話。父親表示，為賴幸媛感到光榮，他開心地侃侃而談賴家背景，介紹家裡客廳牆上的童年照片：「這是阮厝的幸媛。」跟媒體互動得非常自然。

她通知哥哥賴鎮成，他因膽結石開刀住在醫院，對此也感到吃驚。哥哥是屬於新潮流，心疼妹妹說：「你要去幫馬英九哦？」雖然心裡有些不是滋味，但也祝福妹妹。其實，二〇〇四年九月，賴幸媛同意擔任台聯不分區立委候選人時，父兄也是在公布前一刻才被她告知，哥哥還好奇問：「何以是台聯？」

馬英九的最大敵人不在綠營，而起自蕭牆之內。這件人事案曝光後，馬團隊歷經了內憂外患的震撼教育。過去賴幸媛還常上親藍營的政論節目，但當人事消息報導出來，卻遭到這些藍營媒體群起圍剿。

國內外媒體全部蜂擁而上，聚在位於植物園旁的賴幸媛住處守候。那時賴幸媛不出門了，因為一出門就會碰到媒體。她也不接電話，就盯著電視報導，當時她沒有幕僚，就自己用手寫方式，準備未來要召開記者會時所需的 Q&A。她要等「疹子一次發完」，靜候出手時機。

****

人事消息爆光後，四月二十七日傍晚，馬英九拜會黃昆輝，展現最大誠意。馬英九向黃昆輝陳述，自己借重賴幸媛的理由，希望台聯成全。經歷過大風大浪的黃昆輝，對馬英九當選總統給予誠懇的祝福與肯定，對賴幸媛接任陸委會主委一事，也轉為正面肯定的態度，黃說：「人才是國家的，只要是對國家有利，都應該支持。」

會後，黃昆輝打電話給賴幸媛，承諾支持她入閣，還語重心長地說：「幸媛，我非常期待你能夠政通人和。」又向她贈言：「士不可不弘毅，任重而道遠。」「你不入地獄，誰入地獄？」他提醒賴，上任之後要秉持初衷，「是非審之於己，毀譽聽之於人」。

黃昆輝承諾支持賴幸媛入閣。隔天人事消息正式公布後，在台聯記者會上，黃昆輝表示這個人事安排，是透過黨對黨的協商機制，他肯定馬英九用人唯才不分黨派。黃昆輝也以「嫁女兒」的心情祝福賴幸媛、祝福新政府，為維護國家尊嚴、照顧全民利益，與彰顯台灣主體性而努力。如果新政府違背上述原則主張，台聯將義無反顧地要求賴幸媛「回娘家」。

你不入地獄，誰入地獄？

藍營扯後腿

四月二十八日

劉兆玄早上召開記者會公布賴幸媛在內的最後一波內閣人事名單，政治光譜屬於深藍的愛國同心會，在場外喧鬧。四月初，江丙坤受馬英九之邀，在五二〇後將接任海基會董事長，他於四月二十四日至二十七日赴上海、昆山、廈門、深圳四個城市向台商謝票，回到台灣時被堵訪，從電視上可看出來，江丙坤面露驚訝的表情說：「我事先不知道。」

連戰當天率領台灣工商界集體赴北京訪問，在機場被媒體圍堵，當連戰聽到賴幸媛的人事案時，乾笑不已，面露尷尬，一旁連勝文尖酸刻薄地批評，連方瑀則輕蔑地說：「賴幸媛是誰？」國民黨黨工則是私下不斷批評馬英九。在一片反彈聲中，藍營大老多半認為，若向馬英九持續施加輿論壓力，更換陸委會主委人選一事，還是有一絲希望的。

根據藍營熟悉戰略的專家研判，當時藍營反彈有三股力量：連系、江系、散兵游勇，但因為都缺乏正當性，只要馬英九站穩腳跟，新聞炒幾天就會歸於平靜了。這位專家分析，馬英九會打賴幸媛這張牌，是受到過去蔣經國作風的影響，因為蔣經國以前如果在黨內遇到擺不平的人事，或親自想掌握某件事，就會任命一個誰都碰不到的人；一旦出現反彈，蔣經國會對任命案更有自信，表達反彈態度的人，則因此「原形畢露」。

四月二十九日

四月二十九日上午七點多，金溥聰打電話給賴幸媛說：「到現在為止，反彈僅止於藍營，是連陣營反彈，這不是壞事。請你繼續低調、篤定，不要上電視媒體。你放心，馬總統一定力挺到底。」金溥聰也轉告賴，馬英九和準總統府副秘書長高朗及他都認為，賴幸媛傳真給他們的兩岸政策 Q&A 內容很好，相當精準到位。

賴：「需不需要我去做溝通？」

金溥聰：「不需要，他們一定會反彈的，私下做工作都沒有用。」

賴幸媛認為，應該主動打電話給江丙坤，馬、金對此都同意。賴幸媛旋即致電江丙坤。江丙坤說：「陸委會裡頭，很多人很難搞哦。希望你是去鼓舞士氣，扮演好政策協調者的角色。」

賴幸媛：「我參加馬政府的團隊，會執行馬總統『不統、不獨、不武』的大政方針，我和馬總統在『以台灣為主，對人民有利』的理念一致，政策執行面需要上任後多了解與調整。政府主導的兩岸政策，利益要全民共享，而且是不分黨派的利益。您是我敬重的前輩，盼海陸兩會分工合作，彼此配合。」

賴幸媛在立委期間與時任立法院副院長的江丙坤有共事經驗，明白江守分寸、識大體，閱歷豐富，為了安排跟江丙坤的會面，她還找了共同的朋友——江丙坤的南非幫人馬、經濟部官員林聖忠陪同與會。賴幸媛在二〇〇一年執行WTO入會政治談判案時，林聖忠是經濟部駐日內瓦辦事處的處長，協助WTO入會事宜，幹練有為，兩人有互相欣賞的共事情誼。

四月三十日

藍營的反彈，持續而激烈。馬團隊認為時機已到，賴幸媛可以出手了。賴幸媛打破沉默，刻意安排四月三十日晚間八點四十五分主動赴國民黨智庫拜會江丙坤，為第二天早上賴幸媛的記者會鋪陳。賴向江丙坤表明，海陸兩會絕不會有大戰，並保證她是執行馬英九的兩岸政策。賴對江說，兩岸關係是新時代，將會穩健地開展，海、陸合作是未來成功的必要條件。

賴強調，與馬總統的兩岸政策理念一致。首先是「以台灣為主、對人民有利」；其次是「不統、不獨、不武」的維持現狀；第三是她認同「一中各表的九二共識，一中就是中華民國」，與馬總統沒有歧異。政府只有一個，兩岸政策是由總統最後拍板，不會政出多門。

她提到，中國國家主席胡錦濤和美國總統小布希三月二十六日的「布胡熱線」中，當時《新華社》英文稿有關「一中各表」的內容，與《新華社》中文版「九二共識」的基礎，這些都是善意，務實恢復兩岸協商機制，需要雙方共同努力，才能一步一步穩健往前走。

中國國台辦的記者會則對此軟中有硬，再三強調「九二共識是兩岸復談前提」，並意有所指表示，希望不要有「人為干擾」，言談間充滿「聽其言、觀其行」的味道。不過馬英九立刻發出新聞稿，肯定中共善意，企圖主導解讀大陸立場。

賴幸媛跟江丙坤談了一個小時後，「賴江會」共同現身國民黨智庫大門口，眾多鎂光燈此起彼落，她突然靈機一動，故意而又自然地牽起了江丙坤的手，這一幕成了媒體捕捉的焦點。營造良好氣氛，展示內部完成整合，海陸兩會分歧已消融的大和解象徵。

五月一日

李登輝與馬英九的兩岸政策主張，台聯與國民黨的統獨政治光譜，內定陸委會主委的賴幸媛如何相互調和？她進入馬英九政府之後又要扮演什麼角色？中外媒體對賴幸媛將如何達成這項「不可能的任務」，皆投以關注。

五月一日那天記者會，賴幸媛背著在立法院用了三年環保署的綠色環保書包，數百位中外記者把市長官邸擠得水洩不通，羅智強主持這場記者會，賴幸媛準備一大疊資料，一個人微笑面對眾多的中外媒體，有問必答，態度謙和從容，穩健自信。從上午十點到十二點，電視整整兩個小時實況轉播，她回憶：「那是我生命中最 enjoy 的一場記者會。」

面對鏡頭，賴幸媛強調她超越統獨爭議，深綠對她就是代表環保、公益與和平，所以她是「環保深綠」；外界對於台聯背景的質疑，她則是強調「台聯已經轉型」，一年多來改採中間偏左、照顧弱勢的路線，這也是她一向的世界觀。未來在新政府，她執行的就是「以台灣為主，對人民有利」的大陸政策。

外界質疑賴幸媛是李登輝路線在馬政府的復辟，她表示，這跟李前總統路線沒有關係，兩岸政策理念必須超越統獨，她與馬蕭「不統、不獨、不武」的理念是一致的，她支持「一中各表的九二共識，一中就是中華民國」，以後兩岸簽訂的任何協議，都不能改變台海現狀，也不能改變國家主權。

開完兩個小時的記者會後，賴幸媛一上計程車，馬英九就來電笑說：「幸媛，你表現得太好了，你過關了！恭喜！」幾年後，羅智強對賴幸媛說：「那場記者會你表現冷靜又沉穩，正面迎戰，條理清晰，闡述台灣主體性，令人印象深刻。我當時就認為你一定可以勝任。」

從這一大開始，賴幸媛告別了國際談判的專家、為弱勢發聲的左派立委，正式進入屬於她的「兩岸」領域。

一中就是中華民國。

Ready to Go

五月二日

在當時已退休的陸委會前主秘詹志宏的重點協助下，賴幸媛於五月初緊鑼密鼓、天天密集與陸委會各局處主要同仁接觸，在中華經濟研究院提供的臨時辦公室聆聽簡報，了解重要業務，讓自己早日掌握陸委會業務的背景、議題與狀況，思考並決定重要人事。賴幸媛向馬英九提出副主委建議人選，得到馬的全力支持。馬英九果然信守承諾。

五二〇前這段期間，賴幸媛也積極與各部會閣員研習並建立默契，同時擬出她熟悉的重要社會人脈清單，主動打了數十通電話，誠懇致意與請教，包括立法院各黨、政界、傳產、社運、學界等領域的友人，便於打點未來陸委會的工作之路，效果不錯。但她心裡仍祈求一股安定的力量。

五月十五日

賴幸媛五月十五日上午來到仁愛路二段的法鼓山中正精舍，門一打開，賴幸媛哽咽地喊了聲：「師父！」

聖嚴法師是賴幸媛心中的安定力量。一九八七年回國期間，賴幸媛曾在北投農禪寺學習禪坐，她覺得，禪坐對提升自我專注力很有幫助。當年在強大好奇心和動力的驅使下，她就飛到美國，第一次跟聖嚴法師在紐約東初禪寺打禪七，腿痛到不行。一九八九年、一九九二年，她又兩度參加聖嚴法師在英國威爾斯農莊主持的禪七修行。賴幸媛說：「威爾斯這兩次的禪修，最後都能體會到慈悲、寧靜的巨大力量，法喜充滿，不可思議。」

就任陸委會主委之前，她求見聖嚴法師，請教參問生命的重大轉變，尤其攸關兩岸關係重大的前途發展。病中的聖嚴法師慈悲應允接見，兩個小時的開示，給了她即時的鼓勵和極大的安定力量。

聖嚴法師問：「回國這麼多年，怎麼都沒來找師父？」曾身為禪修弟子的賴幸媛，感到慚愧，淚水盈眶：「我跟師父打過三次禪七，受益無窮，但我一直有知識障。」

聖嚴法師說，他全程看了賴幸媛五月一日實況轉播的記者會：「我相信你一定可以承擔，沒有問題。」賴幸媛即使內心篤定，仍祈求智慧與寧靜的心。聖嚴法師以佛法提點她說：「慈悲沒有敵人，智慧不起煩惱。」

聖嚴法師在隔年二月初圓寂捨報，在《美好的晚年》書中提到那天與賴幸媛的會面：

我勉勵她，既然學了禪修，就要把禪法融於工作之中，把握因緣，及時奉獻。在工作上，要調整自己來適應工作，而非讓工作來適應自己。遇到問題時，則用「四它」來處理。後來，我也寫了一副對子送給她，上下句為：「中規中矩慈悲心，適才適所和為貴。」

聖嚴法師的墨寶，如同清涼的甘霖，讓賴幸媛感受到醍醐灌頂，她將這副對聯掛在陸委會主委辦公室，時時面對，自我叮嚀。獲得聖嚴法師加持後的賴幸媛，充滿安定力量。對於五天後將迎向的新職挑戰，她告訴自己：「Ready to Go！」

附注：「四它」即是「面對它、接受它、處理它、放下它」。

第二章

深入中國

從一九八五年九月到一九八六年一月，賴幸媛經歷了那一個天寒地凍的酷寒中國。賴幸媛為了適應當地環境，綁起辮子，穿上棉襖，儘量少說話，避免被認出是外地人，以便近身觀察中國基層社會。當時，吃飯還要用糧票，「在北京擠公車，擠得比沙丁魚罐頭還厲害，不擠又不行，否則永遠搭不上車。」

賴幸媛接掌陸委會主委時，來自外界的諸多質疑認為，她與中國大陸沒有淵源。事實上，她在中國改革開放後不久，在那個百家爭鳴的狂飆年代，就悄悄潛入對岸，做田野調查。這也是她與中國大陸的「第一次接觸」。

書桌下的小女孩

賴幸媛出身台中傳統大家族，於一九五六年在台中市北區的文武街老家出生，排行老三，哥哥賴鎮成排行老大，有一個姐姐、三個妹妹。賴家祖先從一七二五年渡海來台中開墾、定居，賴幸媛是來台第八代。至今，老家門口還有一株約四百年的大芒果樹。

賴家來台第四代（高祖父）、第五代（曾祖父）父子倆先後考上秀才，並蓋了一棟秀才樓，將祠堂取名為「醉善堂」，意為醉心公益、樂善好施，成了賴家的門風。殷實的家族背景，也讓賴幸媛的祖父在一九三〇年代就有錢可用於投資股票、期貨。豈知遭逢全球經濟大蕭條，一夕之間讓賴家四十餘甲土地慘賠殆盡，迫使賴幸媛之父賴英傑在窮困中成長。

賴幸媛的父親賴英傑，是台中市第三信用合作社（今三信商銀）創立功臣、三信文教基金會董事長，受日本教育，酷愛閱讀，是位知識性很強的長者，很喜歡跟賴幸媛談論社會觀察。賴幸媛的母親賴王秀霞是撐起大家族的媳婦，樂善好施、熱心助人、廣結善緣，像是賴家這個大家族的外交部部長，虔誠佛教徒，喜歡到寺院當義工。賴幸媛父母皆享高壽，先後於二〇二二年、二〇二三年過世。

賴幸媛的哥哥賴鎮成早年是記帳士，因重視教育，投入台中人本基金會，一九九〇年代投入民主運動，熱誠慷慨奉獻，中部活躍於民主運動的年輕人無人不曉這位「胖哥」。賴鎮成生前憶述，小時候家中環境困苦，母親為了貼補家用，圈養了豬仔、雞、鴨等。為了張羅這些家畜家禽的食料，那時大約是讀國小二、三年級年紀的賴幸媛，便跟著大哥提著桶子，兄妹倆沿路向鄰居蒐集廚餘。那時賴幸媛個子小小的，沒啥力氣，又要提著溢滿餿水的塑膠桶，但她很喜歡餵豬，看著一群豬仔爭相吃西瓜皮的畫面，令她感到滿足而寧靜。在哥哥的印象中，從未聽過賴幸媛喊累。

賴幸媛喜歡思考，小時候話不多，尤其喜歡躲在書桌下抱膝想事情。當一群小孩在大芒果樹下追逐遊戲時，她總喜歡安靜地站在角落，認真觀看大人下象棋，於是學得一手好棋藝，屢屢贏過棋藝高明的哥哥。賴鎮成生前回憶：「一開始總好奇幸媛在做什麼？一定要這樣才能思考事情嗎？長大後回想起來，或許是外面的世界太紛亂，書桌下才是她安靜的天地。」在哥哥的眼中，賴幸媛就是個「書桌下的小女孩」。

黨外女知青

賴幸媛受到哥哥的影響，在台中女中念書時就接觸了《自由中國》、《文星》、《大學》等刊物的文章，這些由當代自由主義知識分子所探討的思想，和評論時政的見解，啟發了她的批判思維，以及對民主的嚮往。在世新（三專部）就讀期間，結識《自由中國》創辦人雷震。溫文儒雅的雷震，喜歡和年輕人對談，賴幸媛感到很有啟發。

雷震是民主先行者，在一九五〇年代曾是蔣介石的國策顧問，因為《自由中國》評論極權統治的不當，主張民主憲政，爭取言論自由，鼓吹開放反對黨的制衡，觸犯政治禁忌而得罪蔣介石。一九六〇年，雷震籌設「中國民主黨」，而被蔣介石以包庇匪諜、煽動叛亂罪名，關入監獄服刑十年。

賴幸媛回憶說：「那時，雷震出獄後還長期遭受軟禁，就住在世新附近的溝子口，剛好我也住在附近，不時會去找他，談論世局國事。雷震送我一整套自一九四九年發行的《自由中國》月刊，他說：『你拿去保存，否則恐怕也會被焚毀。』晚上進出雷震寓所時，圍牆上白熾的探照燈總照得我睜不開眼，一舉一動都被崗哨監視，但我一點都不怕。」

當時賴幸媛在世新的《新聞人》刊物擔任總編輯，常在社論探討社會問題，鼓勵年輕人走入社會、關懷社會。當時是戒嚴時代，有情治背景的教官仍常駐在高等學府的校園，緊密監控檢查學生的「思想」，監控者認為賴幸媛思想有問題，要她寫「悔過書」承認自己思想有問題，否則要將她送到警備總部。賴幸媛不為所動，堅決不寫。事發時，賴幸媛刻意消失在校園一陣子，於兩個月的暑假期間以實習記者身分在花東上山下鄉，探訪原住民，了解原住民生活與農業問題。回到校園後，發現危機已經解除，她推測，應是世新老校長成舍我保住了她。

當年台灣黨外運動方興未艾，一九八〇年美麗島大審後，黨外人士獲得越來越多的社會關注與擴散力。賴幸媛一九七八年從世新畢業後，在中時報系旗下《時報周刊》任職記者，報導勞工、婦女、農村等社會議題，在那戒嚴時代，她非常關心局勢，默默間接參加黨外運動。

白熾的探照燈總照得我睜不開眼，但我一點都不怕。

儘管賴幸媛對台灣這塊土地滿懷熱情，但在黨外抗爭中，她看到許多問題，感覺並不踏實。黨外運動主要訴求是爭取自由、抵抗威權，但，然後呢？

於是，她毅然放棄工作，選擇到國外念書求知，特別挑了當時台灣留學生很少的英國，想把自己丟到一個陌生國度裡，潛心學業，盼能建立一套完整的知識體系和世界觀。當時英國是歐美社會人文科學的重鎮，賴幸媛希望見識不同於美國的世界觀。她自認有「置之死地而後生」的性格，學習過程很痛苦，但她越痛苦越不輕言放棄。

赴英深造，建立世界觀

在英國的留學生涯中，賴幸媛確立了她一生奉行不渝的世界觀與人生哲學。

一九八〇年代，英國社會科學界進入百花齊放的飛躍發展。當時正值拉丁美洲、非洲、亞洲和英國內部反抗運動蓬勃發展，而在英國留學的賴幸媛，也躬逢其盛，當時風起雲湧的反抗運動的國際大背景，對其治學取向有著深刻影響。

一九八一年，賴幸媛先到倫敦大學政經學院攻讀國際關係。這時期，她接觸到當時在台灣還很陌生的國際政治經濟學，為她開啟了新視野。

一九六〇年代，英國政府設置「發展研究中心」（Institute of Development Studies），就座落在Sussex（薩塞克斯）大學，當時大師雲集，多位諾貝爾獎得主都在那裡任教。賴幸媛之後選擇在Sussex大學攻讀「發展研究」碩士、博士，從一九八三年到一九九三年，接受為期十年的嚴謹學術訓練，她愛上了所謂「治國術」的發展研究知識殿堂。

在Sussex大學的校園裡，教授們的學術思想幾乎都是左翼進步的理論和實踐，也有許多來自第三世界國家的社會運動者前來就讀，學校的主流研究內容，啟發學生們認識帝國主義幾個世紀來在全世界的攻城掠地、剝削殘害。從南非的反種族歧視抗爭，到尼加拉瓜、巴西、阿根廷和智利等的左翼反抗運動，掀起了校園裡激烈辯論，英國學界出現許多深度的自我反省批判聲音。

英國是老牌殖民主義者，其殖民經驗積累出獨特的全球視野，在學界，特別是人文社會學科，因此發展出對帝國主義、資本主義的強烈批判精神；而在跨科際整合領域方面，其特色則是富有實踐精神的「發展研究」視角。

綜觀二十世紀各國的發展模式，大致分為以下幾類：首先是共產主義制度的發展，著重分配與公有制，以蘇聯、東歐和中國大陸為代表；第二種是拉丁美洲的發展模式，主張發展重工業，以一九五〇年代到一九八〇年代的阿根廷、巴西、智利為代表，政權為強人獨裁者壟斷，對社經發展造成嚴重貧富不均；第三種是北歐國家的社會福利制度，公民繳納高稅賦，享有國家提供的完整醫療、教育、就業和老年保障的資源。

第四種則是一九六〇年代起以出口為導向的新興發展模式，以亞洲四小龍為代表。台灣在一九六〇年代初期採行出口導向發展策略，以中小企業帶動經濟發展，成為冷戰時代以美國為首的國際經濟分工體系的一環，政策上鼓吹「客廳即工廠」、「黑手變頭家」，全民都是勞動力。當時政府把米價壓低，促使農村剩餘勞動力移轉到工廠，加工區的廉價勞工日以繼夜拚命生產民生用品出口，新興台商提著一只皮箱走遍全世界找買主，台灣經濟迅猛起飛。一九七〇年代的台灣，年均經濟成長率達一〇%以上，一九八〇年代則有八%以上，寫下舉世矚目的「台灣奇蹟」。

與此同時，中共前領導人鄧小平自一九七八年底開始，帶領中國大陸採取改革開放措施，四個經濟特區試點先行，農村經濟生產方式進行大變革，一步步廢除人民公社，引起歐美學界高度關注和興趣，「中國研究」逐漸成為顯學。

改革開放，
讓「中國研究」漸成顯學。

在中國做田野研究

一九八三年到一九八五年，賴幸媛在「發展研究中心」讀 MPhil（學術型碩士），一年要寫多篇深度論文，賴幸媛曾寫越南、中國、韓國、印度、拉丁美洲等發展相關的題目，碩士論文則寫關於中國農村改革自一九五〇年代至一九八〇年代的比較研究。發展研究不只是理論，也是很重視實踐性的應用科學（applied science）。中國研究是當時「發展研究」的熱門課題。

早在一九八四年，賴幸媛便踏進了中國大陸。當時兩岸之間還屬於老死不相往來，也不可以往來的階段。她是從英國返台探親後，要飛往英國之前，從香港轉赴深圳特區探訪了幾天。當時她拜託香港友人幫忙買火車票，借用為《遠東經濟評論》（*Far Eastern Economic Review*）採訪的名義前往中國，近身觀察當時正如火如荼進行中的深圳經濟特區開發。對此，她仍記憶猶新：「前往深圳特區的路上，正大興土木，滿地泥濘，灰塵漫天。地方政府官員很熱切地向我介紹深圳的未來願景和工作計畫。」

這是賴幸媛對中國國境之南淺嘗即止的第一次接觸，但這無法滿足她濃烈的好奇心和求知慾。

第二次機會是，賴幸媛想要更了解和觀察中國社會，主動向指導教授提及想去中國做實地田野調查，她在指導教授協助下，透過英國 Sussex 大學與中國人民大學的學術交流，從倫敦搭乘最廉價的羅馬尼亞航空公司航班，到羅馬尼亞首都布加勒斯特再轉機到北京，從一九八五年九月到一九八六年一月，經歷了那一個天寒地凍的酷寒中國。

「吃飯還要用糧票，我在北京擠公車，擠得比沙丁魚罐頭還厲害，不擠又不行，否則永遠搭不上車。」賴幸媛說為了適應當地環境，她把長髮綁起辮子，穿上棉襖，儘量少說話，避免被認出是外地人，以便近身觀察中國基層社會。

賴幸媛住進一個北京家庭，對外說是從南方來的親戚，一棟又一棟六七層樓圍繞矗立的國營公家宿舍，中間有大庭院，每家的進出都逃不過別家的目光。庭院裡曬著各家準備過冬的大白菜，每天清晨，氣味就撲鼻而來，嬸嬸在銀行工作，嬸嬸的先生在中央經濟計劃委員會工作。不只吃飯要糧票，洗澡也要用洗澡票，還是嬸嬸分票給她用，一星期洗兩到三次，「要洗澡時，需要騎腳踏車十幾分鐘，到嬸嬸工作的銀行所提供的公共澡堂。女生們一起洗澡，在洗澡時聆聽她們的對話，從對話中了解她們在想什麼。」賴幸媛認真到進澡堂也在做田野調查，並從她們對話中發現，大媽們對外界充滿好奇，很多話題圍繞在好萊塢的電影，還有不少人是《亂世佳人》男主角克拉克・蓋博（Clark Gable）的粉絲。

她當時以英國大學研究生的身分，在中國人民大學的安排下，可持美金消費而不是人民幣，只要出示證件，就可以去供應外國人生活用品的「友誼商店」購物，當時僅北京有國營的「友誼商店」。「每個禮拜，我會買一隻雞和白吐司送給嬸嬸，嬸嬸還會幫我做衣服，她會炒大白菜加麵疙瘩，那就很好吃了。」

以北京為基地，賴幸媛每次出一趟遠門，常常花好幾個星期時間，她搭火車到陝西、四川、重慶、湖北、上海、蘇杭、河南、東北，遍訪長江以北，到中國各主要城市做調研。

「如果沒有學校安排給我的購票證件，我根本買不到火車票，北京火車站都擠滿了農民工，人山人海。」賴幸媛在比北京落後的陝西西安，根本找不到館子解飢，因為當時街上沒有私營的小館子，只好餓著肚子回到旅館。她到重慶，參觀紅岩文化遺址，那是國民黨關押共產黨人的地方。再沿著長江三峽搭渡輪，一路東行，體會什麼是「兩岸猿聲啼不住，輕舟已過萬重山」的意境。她還在零下二十度酷寒天氣裡，參觀東北大型工業基地，包括黑龍江省哈爾濱市的大汽車廠、吉林省長春市的中國第一大鋼鐵廠，深入了解國營企業的生產機制。也在天寒地凍中，第一次在街上看到美麗的冰雕。東北民家熱情邀請賴幸媛坐在炕上取暖，她則和他們深入交談，了解民情。

讓賴幸媛記憶深刻的是，她曾到在北韓邊境的朝鮮族人民公社參訪，這些人民公社的原始面貌，當時還井然有序地保留著，很漂亮，不像南方，因改革開放，城鎮與社會面貌已經發生了很大改變。

「那個冬天的實地深入觀察，對我的理解幫助很大，衝擊也很大。」

鄧小平掌權下的中國，要讓市場經濟服務於社會主義，過去共產主義是吃大鍋飯，沒有市場服務的觀念。改革開放才剛推動幾年，上海在租界時期就有的最老牌國營百貨公司，售貨人員態度冷漠粗糙，不知「服務顧客」是什麼意思。賴幸媛考察時常常思考，當時的中國大陸整個社會經濟結構要全面翻轉，還不知道要花多久時間？

賴幸媛是一九八五年冬天從英國悄悄跑到中國大陸的，當時台灣政府禁止人民去大陸，直到一九八七年年底才開放民眾赴大陸探親。之後，很快地有許多台商紛紛偷跑，赴大陸投資，因為大陸提供廉價的生產條件，有更便宜的勞動力。到了一九八〇年代末，台灣中小企業在台灣生產，要維持其全球的比較利益越來越困難了。台商在大陸的投資，對中國的發展助益甚大。賴幸媛說：「台灣人幫大陸賺了第一桶金。在一九九〇年代初期，是台資、港資，教會了大陸人做國際貿易的。」

> 是台資、港資，
> 教會了大陸人做國際貿易的。

博士屋

在英國求學過程中，鑄就了賴幸媛的世界觀。從反壓迫、反歧視的進步思潮，到批判弱肉強食的資本主義社會而發展出來的知識體系，影響了她的「人生觀、世界觀、價值觀」。賴幸媛說：「在英國留學的日子，是我生命中最快樂的時期，對我人生有著至深至遠的影響。」

發展研究中心的教授和研究生們，到世界各地實地調研，帶回當地經驗，檢驗理論。有非洲各國如南非、波札納、莫三比克、坦尚尼亞、肯亞、辛巴威、蘇丹、衣索匹亞、奈及利亞等國；有拉丁美洲國家如巴西、智利、阿根廷、委內瑞拉、古巴、尼加拉瓜、墨西哥等；有南亞的斯里蘭卡、印度、孟加拉、巴基斯坦等；有東亞的中國、韓國、台灣、日本等；有東南亞的越南、柬埔寨、馬來西亞、泰國、新加坡、菲律賓、印尼等。同學們帶回充滿臨場感的親身體驗。例如，有人做農村經驗研究（case study），甚至細緻到農村的灌溉系統、微型銀行制度。

「我在一九九〇年代最親密的友誼支持夥伴，是一群女性人類學家、文化批判學家，她們給我很多生命的滋養。」賴幸媛說，那時她還沒去過拉美和南亞，但很多同學們的研究閱歷很有見地，給予她很大的刺激。賴幸媛也參與英國社會運動，常跑去倫敦舉牌，大選時，和朋友一起幫工黨沿街敲門、發傳單，了解英國選舉和民情。

在英國的第五年（一九八六年），英國首相柴契爾夫人的政策，鼓勵民眾自購房屋，當時房價便宜，賴幸媛抓到時機，窮則變，變則通，成功說服了房貸銀行（Building Society）提供貸款，她與同住的好友們共同承擔銀行貸款。算起來，比租房便宜很多。而這間房子曾培育出二十幾位博士，被稱為「博士屋」。位於倫敦正南方的海邊城市布萊頓（Brighton），走路到火車站要二十五分鐘，再搭十二分鐘火車到校。在博士屋裡，大家在知識上相互切磋砥礪，在生活上互相照顧。賴幸媛常幫姐妹們照顧孩子。賴幸媛寫博士論文的最後一年（一九九二年到一九九三年），則是好友們輪流為她準備三餐，給予支持照顧。

賴幸媛的博士研究主題為「國家理論與勞工政策」，探討國家的角色和政策如何影響勞動力市場和勞工權益。對她來說，最重要的是在學術訓練過程中，培養出自己嚴謹的治學態度與方法，而這也成為她根深柢固的處世風格。關於這點，她表示：「這對後來我在各種工作的推動和經歷，幫助很大。」

Sussex 大學的發展研究中心是一個典型的人才搖籃，培養出來的人才遍布世界重要國際組織，包括聯合國貿易與發展會議、聯合國難民署、聯合國兒童基金會、世界銀行、國際貨幣基金、世界貿易組織、世界勞工組織、世界衛生組織等，許多校友返國後，在政界、學界發展，校友之間仍維持聯繫與情誼。社群網路盛行後，他們透過 Sussex University Friends 網上群組，至今仍有四十多人保持密切聯繫，有的仍在國際組織任職，有的在政壇或學界，大家依然熱衷議論世局、關心全球大事，也互相給予情誼支持。

任職台經院

「其實我並不清楚我回來台灣後，會有哪些機會？但是我一直都非常清楚，只要我有機會，我要做的是什麼。」

一九九六年賴幸媛回到台灣，擔任台灣經濟研究院國際事務處處長，主管國際事務的研究與推廣，讓她有機會接觸到對政府的政策建言工作。之後的四年，賴幸媛如魚得水，優游於亞太區域經貿整合的研究與推廣工作。當中，最有代表性的是在亞太經濟合作會議（APEC）的努力。台灣在一九九一年就成為APEC會員，這是台灣自一九七一年退出聯合國後，在一九九〇年代得以正式參與的唯一政府間組織。

賴幸媛驚訝地發現，在APEC這麼重要的國際舞台，政府卻很少思考該如何利用這個平台提升與鍛鍊台灣的國際參與能力。賴幸媛於是積極組建產官學界平台——「中華台北亞太經濟合作研究中心」，得到了外交部的支持。這個中心就設在台經院，由她擔任創辦人兼專案負責人，主導許多專案，領域擴及外交部、經濟部、農委會等的業務，努力促成台灣產官學界重視APEC、運用APEC，台經院成為政府在亞太區域經貿整合業務的最重要幕僚單位。台經院國際處在賴幸媛主持下，業務蒸蒸日上，從她接手時的七人單位，成長到她離開時有三十多人。

賴幸媛也是太平洋經濟合作理事會（PECC）中華民國委員會副秘書長、太平洋盆地經濟理事會（PBEC）中華民國委員會秘書長、亞太商工總會（CACCI）國際秘書長、國際商會（ICC）中華民國總會秘書長，她積極透過這些國際重要的半官方與民間組織的平台，爭取亞太地區會員的合作與共識。她認為：「國外重要的共識形成，能夠直接影響國內政策。」

賴幸媛也在大學和研究所開課，講授國際上在區域經貿整合的發展與其重要性，在淡江、暨南、世新大學兼課，講台和黑板也是她傳遞國際趨勢新知識的平台。

國安會諮詢委員

前總統陳水扁在《世紀首航》書中提到，二〇〇一年九月十七日，納莉颱風侵襲北台灣，阿扁總統結束一整天探視台北縣市、基隆的緊密行程後，並沒有立刻休息，而是在等一通來自日內瓦的電話。這通電話就是關鍵時刻來自前線為台灣加入WTO做努力的賴幸媛。

由於賴幸媛在各個場合與領域，大聲疾呼亞太區域經濟整合與台灣國際參與的重要性，逐漸讓人注意到她。二〇〇〇年台灣首度政黨輪替，陳水扁當選總統，新政府在國際事務上需才孔亟，有人向陳水扁推薦賴幸媛。

賴幸媛憶述，她有次在匈牙利開會，正漫步在布達佩斯美麗的多瑙河畔，手機接到一通陳水扁幕僚打來的電話，表示陳水扁要她準備履歷表，安排回國後與陳水扁會談。賴幸媛非常驚訝接到這通電話，而要她準備履歷，更引起她的好奇。敏感的賴幸媛做了一番準備。

在與陳水扁的會談中，賴幸媛展現她對國際經貿事務的歷練與知識，並向新政府提出建言。陳水扁徵詢她是否願意接任國安會諮詢委員，賴幸媛表示有意願，但這需要她當時的老闆、台經院董事長辜濂松的同意與諒解。而辜濂松當時強烈反對，於是賴幸媛央請她非常尊敬的忘年之交王章清，由他出面向辜濂松解釋和遊說。王章清是俞國華當行政院院長時期的前行政院秘書長，他非常支持賴幸媛，認為這是很重要的職務，賴幸媛應該轉進到政府部門歷練。之後陳水扁也見了辜濂松表示尊重，終獲得辜董的首肯。

國安會要幫總統處理很多疑難雜症，兩岸、外交、國防事務屬於總統職權，凡是總統指示、授權的議題，國安會會成立專案協助行政部門，研擬解決方案；過去的國安會專注在兩岸、外交與國防，隨著時代演變，綜合性的國家安全包括經濟，讓賴幸媛有了更大的舞台。

在國安會那幾年，賴幸媛做了許多與ＷＴＯ有關的專案任務，其中一案是二〇〇一年台灣加入ＷＴＯ的政治談判。當時中國的入會關稅減讓談判，歷經了十幾年仍然久談不下，時序到了二〇〇一年初，江澤民任期已進入尾聲，決定快馬加鞭完成中國入會案。而台灣雖然在一九九九年就已經完成所有的關稅減讓談判，理應在當年就可以早於中國入會，而國際現實卻硬生生地將台灣卡住，台灣只能無奈地等待中國趕進度。

那時，陳水扁剛上台還不到一年，就要面對台灣入會的這項重大歷史任務，但如何解決存在於上千頁的入會文件裡，潛藏諸多文字內的「政治意涵」問題，及其他的政治要求，成了迫在眉睫的難題。即使中國還不是會員，但ＷＴＯ內許多會員與中國利益糾葛甚深，由於ＷＴＯ採取共識決，只要有一個會員反對，台灣就入不了會。更重要的是，中國如果早於台灣入會，球在中國的手上，當然就會更肆無忌憚的否決台灣入會案。因此，台灣不能晚於中國入會，否則很可能永遠入不了會，雙方的入會案必須綁在一起，台灣不能落單，但我方如何向國際進行有效遊說呢？

陳水扁清楚此案茲事體大，不容閃失，也是他千載難逢的歷史機遇，於是在國安會成立極機密的WTO入會專案，由總統直接領導，國安會只有極少數人參與此案。這個歷史任務就落到了賴幸媛肩上，賴幸媛做詳盡的幕僚評估和研判，頻密地到日內瓦、華府執行前線的工作、必須帶領協助經濟部極少數的同仁機密地完成任務。

賴幸媛執行國家重大任務時，總是戰戰兢兢，深恐萬一哪個環節、細節疏忽了，而影響到我方利益與結局。毅力過人的她，親自細讀上千頁、厚重的入會文件，也深入閱讀在一九九〇年代台灣在入會關稅減讓談判過程中的重要文件，賴幸媛尋找可能被經濟部忽略或可能因便宜行事而沒有告知國安會的潛藏問題。她反覆推敲，希望研擬出對台灣的最佳方案，也要研擬在最後得以入會敲槌前的每一個關鍵階段的每一個作戰計畫，研判中國大陸在每個階段可能如何出招，判斷台灣在此案的國際友軍陣營，以及對他們進行政治遊說工作。賴幸媛和時任國安會副秘書長張榮豐共同合作這個高度機密的任務。

在某個凌晨兩點半的深夜，她仍然不放心的詳查文件，再找看看有無疏漏之處，而天亮後的早上，她就必須參加陳水扁主持的國安高層會議，取得陳總統為這次機密任務所做的裁示，她必須於會後立即前往華府做必要的談判和說服工作。

在深夜裡，她竟然從文件中發現一段括弧起來的「引號」文字，她不放心地循線追查，警覺到內文中埋藏大玄機，因為此段文字「間接」指涉到另一份文件，即GATT（關稅暨貿易總協定，WTO前身）總理事會主席在一九九二年為了處理台灣入會申請案時，曾在會議上做了一個主席的口頭聲明，提及「有些會員認為台灣應該比照港澳地位入會，但有些會員不同意」的文字。這是在國際上因兩造之間相持不下時，常見的一種各說各話的表達方式，況且這份一九九二年的總理事會主席聲明並非正式文件，沒有約束力。

WTO入會文件則是國際政府組織的正式文件，有法律約束力。而在自己的入會正式法律文件中，如果同意比照「港澳的地位」加入WTO，那就等同自己正式同意「一國兩制」，同意「台灣地位港澳化」，在國際上，這會造成法律先例，會有約束力。可想而知，處在國際劣境的台灣，未來根本無法翻身，因為「你們政府自己都同意了」！

「一國兩制」不是台灣的國策，「台灣地位港澳化」也不被台灣人民接受。「這個陷阱太明顯了！」

「台灣地位港澳化」不會被台灣人民接受。

賴幸媛心中驚呼、扼腕，為什麼我方參與此機密案的經濟部高層官員，在先前好幾個月的幕僚作業，不曾向國安會示警？是不懂嗎？但這似乎不太可能！還是知道因為政治談判高度困難，觸礁機率太高，所以乾脆便宜行事，先入會了再說？反正自一九七一年退出聯合國後，每當我方在國際外交遇到挫折，需要對國內社會有所交代時，一貫推說就是「老共打壓」。儘管這是事實，但這說法也太廉價了，官員不僅容易交差，還可以引發媒體輿論對中共的撻伐，槍口一致對外，官員自身的「危機」就解除了。

在一九九八年／一九九九年進入我方關稅減讓最後階段談判時，經濟部入會談判官員以及當時實際執行入會談判的經濟部國貿局顧問蔡英文，對這段陷阱文字並未表示不同意見，也沒有提醒府院高層。

賴幸媛認為此事非同小可，一夜無眠。清晨，隨即和張榮豐緊急磋商對策，旋即呈報陳水扁總統共商。陳總統了解其嚴重性，在早上的國安高層會議裁示，要求即將啟程到華府去諮商交涉的任務，必須新加入這一項，亦即「這段文字不能接受，必須刪除」，務必設法讓美方理解其嚴重性，也就是台灣絕不可能接受「一國兩制」式的入會。

賴幸媛率經濟部官員赴華府，與美國貿易代表署（USTR）高層官員磋商並遊說台灣的立場。二〇〇一年，小布希政府剛上台，美國貿易代表署的高層官員換人，多是新手，但小布希政府已將促成台灣、中國能夠在二〇〇一年入會，設定成是美方的重要政策。台灣、中國入會案是當年十一月WTO卡達部長會議的重頭戲，因為WTO前一次的部長會議在一九九八年西雅圖引發嚴重流血衝突，失敗收場，況且WTO希望在年底卡達部長會議能啟動新一輪的「杜哈回合談判」，正面臨前途未卜的疑問，當時國際社會對WTO的未來均感憂心忡忡。當時台灣是全球第十四大經濟體，而中國的經濟能量正快速成長擴大。一般認為，如果台灣和中國能夠成功加入WTO，這次WTO的卡達會議就算成功。因此，台灣和中國在二〇〇一年能否順利入會，更是受到國際高度的關注。

「但台灣若入不了會，中國也別想入會。」賴幸媛說。我方說服了美國必須堅持採取兩個入會案的「綁定策略」，也說服歐盟及其他WTO重要會員支持這個做法。另一方面，當時美國與中國雙方仍在談判中國入會關稅減讓最後、最困難的部分，因為美方要價很高。與此同時，因為兩岸政府不講話，所以美方必須是台灣的proxy（代理），和中國交涉入會的爭議事宜。

賴幸媛和美國貿易代表署新任代表佐立克（Robert Zoellick），在雙方專業與外交官員的陪同下會談。賴幸媛做足功課，早已閱讀了佐立克曾發表過的學術論文和諸多經濟外交的評論文章、以及歷來他在政壇上的相關報導。賴幸媛每次展開任務時，會先熟悉她的諮商對象，這是必要的功課，也是她的工作習慣。

佐立克於一九九一年曾協助台灣加入APEC，他對此深感榮幸。佐、賴有共同熟悉的話題，兩人相談甚歡、頻率相近，佐立克很驚訝賴幸媛竟然熟悉他的諸多論點，健談的佐立克主動將會談從三十分鐘延到一個多小時。在適當時機，賴幸媛向佐立克技巧地提出那段指涉、代表「一國兩制」意涵的文件句子，同時她對佐立克說：「我相信美國的國策不支持一國兩制。」佐立克聽了之後拍一下桌子，在他的主談部屬貝德（Jeffrey A. Bader）前強調：「對的，美國不支持一國兩制。」並轉頭對其部屬說：「你們要去交涉，刪掉此段。」於是這項新議題納入協商。

這次，賴幸媛在華府待了十九天，最終取得最重要的突破，依我方的堅持，刪掉所有矮化台灣的政治要求，維護住我國的主權。根據USTR主談者助理代表貝德轉述，在高度壓力下，對方主談龍永圖曾經一度情緒失控。經此一戰，賴幸媛和USTR幾位主談官員，建立起了情誼。那年八月，在最重要的難關突破後，佐立克和貝德分別致親筆信函感謝賴幸媛，提及：「能與台灣團隊共事，讓台灣入會成為事實，是我莫大的榮幸」、「你們有清楚的戰略視野，知道站在台灣的利益，知道如何達成目標，這個成功的結局是對你及對你們團隊的致敬（tribute）。」

到十一月卡達部長會議前，台灣的入會案還有幾個危機階段，但我方終能逐一化解。在最後的卡達部長會議，我方得到相關情資，為防止被臨時又出招，造成入會案生變，賴幸媛說服卡達部長會議的主席、卡達的經濟部部長Kamal，按照賴幸媛給他的劇本「演出」，按表操課，緊湊的銜接每個報告的流程，不讓其他的干擾有舉手穿插的機會，甚至最後Kamal頭也不抬，就馬上敲槌，宣布通過，不讓異議來得及發出，會場隨即響起一片如雷歡呼聲，蓋過一切。會後，Kamal帶著得意的笑容問賴幸媛：「我剛剛的表現如何？」賴幸媛告訴他：「你是世界上最好的演員。」兩人高興地相互擁抱。

曾擔任一九九六年台海危機核心幕僚的張榮豐說：「這個案子是無煙硝味的戰爭，其緊張程度與重要性不亞於一九九六年台海危機。」

台灣叩關世貿組織之戰，

其緊張程度與重要性不亞於一九九六年台海危機。

賴幸媛對國安工作樂在其中，低調、保密，過著四年隱姓埋名的生活，她說「國安工作艱難、寂寞，但當任務達成時，會非常有成就感。」一日後，政府論功行賞各部會諸多有功官員，國安會團隊因身分敏感，所以隱而不揚。

賴幸媛擁有從事國安工作應該具備的特質和條件：堅強意志、鍥而不捨、有戰略視野、布局細膩，以及成功不必在我的胸襟。在國際的談判桌上斡旋，冷靜沉著，賴幸媛深刻體會出「要投降，最後一秒鐘再投降都來得及」以及「要相信你的敵人比你更痛苦」這兩句話的精髓，成為她的心法；站在台灣利益，設法達成國家目標，堅持到最後，她說：「這樣才能為國家爭取最大的利益。」

台聯不分區立委

原本是一通「求救」電話，意外變成「求才」的溝通。

台灣綜合研究院副院長李安妮為準備APEC婦女議題，撥了一通電話請教熟悉APEC事務的賴幸媛，電話中，彼此原本並不熟悉的兩人，卻談得投機。令熱線這頭的李安妮靈光乍現，認為賴幸媛若能出任台聯不分區立委，台聯的本土化內涵和賴幸媛的國際視野將能合璧——賴幸媛多年的外交、國際經貿工作經驗和學識，可以為台聯加分。

但賴幸媛無意轉換跑道。她憶述：「我的熱情在政策，當時對台聯是什麼樣的政黨並不清楚，十三位立委一個也不認識，再說那個時候我對立委評價很低，畢竟社會印象就是把立委與媒體並列為台灣的兩大亂源。」賴幸媛當時隨即婉拒。但往後幾天，李安妮誠懇持續地勸進，台聯黨主席黃主文也親自打電話勸進。

閒談間，賴幸媛向朋友提及此事，不料友人們的反饋都很積極，希望賴幸媛接受這個挑戰。過去國安會的夥伴們都相信，賴幸媛能做出自己的風格，也認為立法院的磨鍊很重要，還說：「憑賴幸媛的專業、幹勁與鍥而不捨的精神，會為國會帶來新氣象。」深藍的忘年之交王章清看盡政壇的虛實冷暖，鼓勵她務必要接下台聯這個深綠的平台，到立法院發揮長才。

經過一星期多長考，賴幸媛硬著頭皮同意。黃主文立刻召開記者會，舉起賴幸媛的手，宣布賴幸媛是台聯不分區立委的候選人，在場人士立即同聲高喊：「凍蒜！凍蒜！」這種場景不在賴幸媛的想像中，這個「凍蒜」初體驗，讓賴幸媛當場非常難為情，羞愧到無地自容。她形容：「我真想找個地洞鑽進去，內心罵自己為什麼要接下這檔事，但後悔已經來不及了。」

賴幸媛必須馬上調整心境，坦然面對新挑戰。接下來有將近兩個月時間要南北「輔選」台聯十幾名區域立委候選人，但如何輔選？她的台語很不溜轉，更沒有上選舉野台演講的經驗，該怎麼辦？一開始，賴幸媛先將講稿寫好，找人幫忙翻成台語，再教她練台語，她必須用背的。剛開始上台很生澀，還好同事很體諒她，並不擔心她的爛台語會「趕票」，常好心地教她如何把台語講得純熟一點，賴幸媛靠著頻頻上選舉野台「助講」來鍛練自己，經驗和純熟度是會累積的，幾個星期下來，逐漸地可以不用背台語稿了，站台、輔選入境隨俗，後來就可以駕輕就熟，用台語侃侃而談了。

賴幸媛憶述，當她發現她在台上講話和台下的群眾會目光交接，在熾亮的燈光下看到群眾們的熱情反應時，讓她感到興奮和激情，進而融入到這個新的角色，她終於理解為什麼有些政治人物在選舉台上會「渾然忘我」，甚至彷彿「神靈附體」的樣子。她很喜歡在野台上演講完後，直接下台走入群眾，擁抱群眾，和大家互動聊天，熱情是會相互感染的，她開始喜歡上了這個為民喉舌的角色。

二〇〇五年二月一日進入立法院之前，賴幸媛用兩個月的時間積極準備相關議題，她特別關注弱勢、人權、環保、傳統產業、食品安全、農業議題，為了實踐內心的理念，賴幸媛期許自己，要當一個「看得起自己」的立委。

賴幸媛不太在乎外表。擔任立委時，戴著大耳環，金屬框眼鏡，頭髮中分綁馬尾，李登輝認為賴幸媛穿著不及格，像個「研究生」。當友人建議她稍微打扮一下，她的反應卻是：「我沒有時間注意這種事，每天要出門前，看哪件衣服最靠近我，拿起來就穿上。」但對於問政，她則是非常重視細節，每個議題出手前，一定要做足準備，對記者會的流程細節也很在意。

立法院三年，賴幸媛給人的印象就是「強悍」。友人說：「只要是她認同的議題，不管面對的對象是誰，她一定努力奮戰堅持到底。」她的心法也用在立法院的工作上，就是「如果要讓步，最後一秒再讓都來得及」。但在最後一秒鐘來臨前，她總會用盡全力衝刺。

那三年，她執行了許多為民謀福、為弱勢抗爭、為環保戰鬥的知名案子，主打多項重要議題受到廣泛報導。除了專業問政盡職監督，她用心傾聽弱勢團體的請願，還經常帶隊下鄉了解基層聲音。為了幫助弱勢產業爭取自身權益，賴幸媛招攬、組成了WTO專家和律師團隊，經常教導業者熟悉WTO反傾銷和進口救濟的知識和方法，並學會運用這些機制來拯救自己的產業。她請社運工作者持續下鄉，組訓從業人員，帶領他們上街頭抗爭，到行政部會前、在凱道上，大聲抗議冷漠的官員歧視弱勢產業，對民生疾苦不聞不問，抗議政府竟然拒絕用WTO機制來協助瀕臨衰亡的產業。

這些忙碌的工作、專注的投入，變成賴幸媛的「新日常」。「到了立法院後，才發現，原來立委真的可以make difference（改變）！」她說，透過「實踐改變」得以保護民眾的權益、解決民眾的困境，讓她更加充滿戰鬥力。

在立院的第一會期之初，當她獲悉扁政府馬上要放行美國染有狂牛症疑慮的牛肉進口台灣，因為曾在一九九〇年代親睹英國狂牛症衝擊社會的恐怖經驗，她很警覺，大為擔憂，當時歐盟、日本、韓國、中國等多數國家都禁止美國牛肉進口，因為狂牛症案例前些年已在美國發生了幾次，美國被列為狂牛疫區，台灣政府卻準備重新開放美牛進口。

賴幸媛找來醫師當助理，也數度去向專家和醫師探討請教，自己認真研讀與狂牛有關的英文醫學報告、各國如何對治狂牛等等的知識和資訊。當時，美國的飼料製作、飼養方法、和屠宰前的防疫、檢疫仍存在許多問題，導致那幾年狂牛案例一再出現，農委會在二〇〇三年十二月公告美國是狂牛症疫區，依法禁止美牛及其製品進口。狂牛症是不治之症，普恩（prion）變異性蛋白吃進人體後，在人體可以潛伏幾年到長達二十年才發作，攻擊中樞神經，破壞腦部細胞，造成腦部空洞化，精神錯亂，無藥可救。

賴幸媛準備好了就出手，從三月到六月，透過強力質詢及一次次記者會，揭露重要資訊，媒體報章經常大幅報導，輿論效應極大，消費者保護團體大力呼應聲援賴幸媛，消費者充滿高度關切和擔憂，反對開放美牛聲浪開始擴散。

但是，衛生署為了配合來自上面的政治交代——「基於對美國外交工作的需要」，積極準備放行美國牛肉進口。而農委會依其專業研究在政府內部協調會時「持反對態度」，農委會主委李金龍甚至在立法院備詢時表示，農委會並未同意美牛進口。但衛生署三月底依然公告將於四月十六日開放美牛進口。賴幸媛一狀告到高等行政法院，聲請停止執行，並向行政院訴願會遞交訴願書。

台灣市場，是當時美國急於向世界市場再輸出牛肉的「突破口」。如果台灣能重新開放，有了台灣當範例，美國便能較容易地去遊說其他國家開放市場。美國意圖個個擊破，從最容易的台灣下手。但美方萬萬沒想到，這個算盤會被一個新科立委擋了下來。

「政府卻常把遊說當施壓，自亂陣腳。」賴幸媛說：「美方會對台灣遊說，這很正常，美國也常對各國遊說，這是國際常態，但遊說不等於施壓。」跟賴幸媛熟稔的ＡＩＴ官員頻繁來溝通、美國商務部副部長為美牛扣關私下來訪台灣，指定要和賴幸媛碰面，過去美方鮮少有這麼高層的官員訪台，更何況和指定的立委面對面溝通，更是少見。賴幸媛對美方的態度就是「就事論事，專業以對，照顧消費者食安權益，以人民生命健康為重」。

賴幸媛「鬥牛」，鬥得咄咄逼人。六月份，美國狂牛案例又再現，賴幸媛再率台聯及友黨立委，偕同消費者保護團體舉行記者會，強力施壓，控訴台灣政府草菅人命，要求衛生署立即停止美國牛肉進口，甚至到台北地院怒告衛生署官員違法瀆職，引發軒然大波。衛生署迫於輿論壓力，終於宣布停止美國牛肉進口。三個多月的努力，成功力抗美牛進口，賴幸媛一戰成名！各大媒體社論將她比喻為「台灣的山本五十六」，成為最火紅的立委。

除了鬥牛，賴幸媛在第一會期竟然就擋下了在花蓮深山興建的「西寶水力發電廠」開發案——台電擬砸下重金三百多億元，將台灣最後一片上百公頃的原始櫸木林砍伐殆盡，三十多種瀕臨絕種的生物將因此受到嚴重威脅，下游千頃花蓮良田將會面臨缺水灌溉。詭異的是，花蓮根本不缺電，而這座水力發電廠發電量只佔全台電力萬分之二十六，連台電人士都私下坦承缺乏經濟效益。但環保團體很清楚，這個開發案的背後是地方砂石業者的龐大利益。可是，當時的經濟部部長何美玥完全狀況外，在立法院備詢時坦承不知道有此案。這項開發案將造成生態浩劫，相關環保團體為此已奔走數年，但沒有立委願意接手。

到了賴幸媛手上，她決意要擋下這個荒腔走板、嚴重破壞生態的開發案。她夜以繼日地對不同黨派的立委進行遊說，緊迫盯人「連上廁所時也不放過」，她跟立委同儕說：「只要給我三到五分鐘，就可以把案情說清楚。」這種執著與熱情頗有感染力，台聯只有十二票，但最後居然獲得了跨黨派立委一百五十四票的支持；她成功遊說了各黨黨鞭開放投票，基於環保立場，不要祭出黨紀。這個開發案的預算終於全數刪除，王金平宣讀時大吃一驚，以為自己看錯票數，見識到賴幸媛的「纏功」。從此，西寶水力發電廠不能蓋了。議事槌敲下那一刻，現場響起如雷掌聲，跨黨派立委通力合作為花蓮深山守住一片淨土，氣氛感人。

這一仗打得漂亮，被環保團體視為重大勝利。台電過去數十年盤根錯節的「敦親睦鄰」功夫，在立法院向來所向披靡，第一次踢到賴幸媛這塊鐵板。後來，賴幸媛接手「楊梅鎮反超高電磁波輻射汙染危害自救會」的陳情案，長期暴露在超高的電磁波下導致社區居民籠罩在血癌、孕婦流產、生出畸形兒的恐懼中，居民憤怒、無助及煎熬，經過兩年多強力監督與各方協調，賴幸媛迫使台電積極面對，最終改善處理。

成為台聯的不分區立委後，李登輝才認識了賴幸媛。看到她專業努力為弱勢發聲，認真盡責監督政府，許多重要議題也打得響亮，因此深受李登輝的賞識。李登輝很愛護這位子弟兵，常找賴幸媛、張榮豐、學者張錫模到翠山莊深談，哲學、政治、歷史、人物，天南地北，無所不談。李登輝喜歡賴幸媛直率與進步的觀點。有一次，李登輝還怪罪張榮豐：「為什麼我以前在做總統的時候，沒有介紹賴幸媛給我認識？」張榮豐卻是無辜地說：「我那時候也不認識她啊！」

巧用WTO機制，挽救本土毛巾

二〇〇五年第一會期，賴幸媛接下了瀕臨絕境的「台灣雲林毛巾產業科技發展協會」的陳情，承諾業者，將會提供自己在WTO領域的專業來協助他們。

二〇〇六年四月五日，《紐約時報》出版的《國際先鋒論壇報》（*International Herald Tribute*）在頭版頭條做了如下報導：〈貿易爭端迫使中國與台灣協商：台灣將毛巾業者的要求帶到WTO〉。《國際先鋒論壇報》專訪賴幸媛，報導雲林毛巾產業的掙扎，以及業者引用WTO機制拯救自己，而促成了中國大陸官員有史以來第一次到台灣參加WTO貿易調查聽證會。

這篇報導放在最顯著的位置，過去多年台灣的新聞顯少上國際媒體版面，更何況是頭版頭條。當時這個議題在台灣已經延燒了九個月，成為熱點議題。兩岸毛巾貿易戰，引起了國際媒體的關注。

賴幸媛接受了雲林毛巾業者的陳情，了解到中國大陸入會之後，才短短兩年多的時間，就讓台灣毛巾業者陷入極嚴重的損害和衰退，因為大陸毛巾業者使用不公平貿易的手段，完全違反了WTO的規範。賴幸媛說：「我眼睛為之一亮，知道這是一個不能錯失的機會，心中響起一聲『BINGO』。這案子我怎麼可能不主攻？業者找對人了！」這不僅有機會挽救業者的生計，而且，她從中看到了一個台灣與中國大陸平起平坐的難得機會。

台灣在二〇〇二年一月一日正式加入WTO後，政府自當年二月十五日開放大陸毛巾銷台，排山倒海而來的大陸毛巾，幾乎全面攻佔台灣的毛巾市場。

在二〇〇二年二月十五日之前，據台灣官方的海關資料，大陸的毛巾進口數量是零，開放進口後，快速呈現巨幅成長，二〇〇三年比二〇〇二年急速成長了一五二％，到了二〇〇四年成長比二〇〇三年更高達一八三％。大陸毛巾在台灣市場佔有率逐年快速攀升，從二〇〇二年進口後的四九％，到二〇〇三年的六二％，再到二〇〇四年的七〇％，到了二〇〇五年已佔據了八〇％。相對地，台灣毛巾的市佔率萎縮到二〇〇三年的一〇%，到二〇〇四年只剩七・七%。

台灣毛巾產業的產業聚落，主要聚集在雲林的虎尾、斗六。毛巾業是典型的中小型規模傳統產業，產業群聚的垂直分工，從染色、漿紗、織造、漂染、印花到繡花，形成非常特殊的產業聚落。雲林從事毛巾產業者，加上毛巾加工外包與家庭代工，在二〇〇五年的調研數據估計超過萬人。

但當大陸毛巾大舉進入台灣市場，許多台灣毛巾生產線被迫關閉、工廠關門，毛巾業營運的家數急遽下滑，到賴幸媛接受陳情案時已減少到只剩三十餘家，兩年內腰斬再腰斬，眾多勞工失業。大陸毛巾在台灣市場如此快速又不合理的成長率和市場佔有率，讓雲林毛巾業者幾乎要滅頂！

賴幸媛說，當時大陸毛巾傾銷來台，並不是一個正常的貿易行為，因為台灣突然開放而產生了「可預期性」的市場消長，這是大陸業者利用種種不公平的貿易手段，例如：利用掠奪式、低於成本的超低價競爭，利用價格控制方式以高報低，先達到市場的高佔有率為目的，造成了「嚴重干擾市場秩序」的行為。這種刻意「擾亂市場秩序」的行為，嚴重違反WTO規則。再者，大陸毛巾大量「偽標」台灣毛巾，使消費者難以分辨，當時大陸毛巾的品質低劣，台灣毛巾品質好、價格高，但由於大陸毛巾非常便宜，大多數消費者會以價格低廉為主要考量。

種種不公平貿易之狀況，造成了台灣毛巾產業在短短幾年就受到WTO定義下的「遭到嚴重損害」的程度。根據WTO規範，我方可以提出WTO「進口救濟」措施，以提高關稅或限制配額的方式，讓本國毛巾業可以得到幾年的喘息、轉型和重振的機會。這是WTO對公平貿易所設計的規範，是一種合法的「防衛措施」（safeguard）。

二〇〇五年八月，賴幸媛協助「雲林毛巾產業科技發展協會」向經濟部貿易調查委員會（貿調會）提出對中國大陸毛巾的「進口救濟」案件申請，並積極與貿調會協調，好不容易促使貿調會終於願意在九月下旬受理審查，這是貿調會成立十五年來，才第一次啟動調查程序。

為了詳查實際狀況，賴幸媛親自率領辦公室助理，數度下鄉到雲林毛巾工廠進行調研訪談，做實地訪查紀錄，實地了解農村就業情況，特別是中年婦女。農忙時，她們在田裡工作，農閒時，她們是毛巾工廠主力，或是在家裡做毛巾分包。從田野調查可見，雲林毛巾產業數十年來一直帶動農村周邊的隱性就業，具有穩定農村經濟的重要功能。

同時，賴幸媛組成義務的WTO經貿法專家及律師團隊，積極教導毛巾業者有關

WTO進口救濟和反傾銷等措施的知識，毛巾業者經常組織成員上台北上課，很認真的學習。幾個月下來，許多業者已經可以理直氣壯、振振有辭地說明跟他們權益有關的WTO措施。「他們的信心強化了，不再輕易被一直抱著逃避心態的官員唬弄。」賴幸媛如此回憶道。

賴幸媛強力要求經濟部必須協助業者，在立法院開一次又一次的協調會，逼使相關部會正視此案，請貿調會必須派員協助業者填寫損害資料，確保在最終審查前有完備的損害資料；請國貿局、商業司和財政部協助業者處理「偽標」，解決台灣製造與大陸製造的商品標示區隔問題；請公共工程委員會依《政府採購法》及「共同供應契約」機制，辦理國產毛巾共同供應契約，讓所有政府部門都可以大量採購本土毛巾；請國防部調整後勤單位採購本土毛巾；請經濟部即刻規劃相關本土產業的短中長期輔導措施等。

面對被動消極、不作為的經濟部門，賴幸媛清楚，這一戰必須升高到政治層面，才有希望。她請助理和社運工作者長期駐點虎尾，訓練毛巾業者街頭抗爭的技巧和語言，武裝業者的鬥志，團結業者的意志，協助業者避免被政黨人士從中分化而消解自我內部抵抗力量。

農村樸實善良的毛巾從業者，從來沒有上街頭抗爭，但他們準備好了，勇敢出發。

在二〇〇六年三月二日，約兩千名毛巾從業者從雲林北上，前往台北街頭遊行，這些業者頭綁「搶救本土產業」布條，向天空拋擲成千上萬條毛巾，並用擴音器呼喊「台灣人的面巾，雲林人的面子」（台語），如雷聲量肯定直穿入總統府。到場的還有十五類同樣瀕臨危機的傳產業者，包括陶瓷衛浴、織襪、寢具、成衣、製鞋、家具、大理石等，這些傳產，有上千名業者站出來大力聲援，也為自身生存權而戰，同樣希望利用WTO機制脫困解危。

當天下午，在台北國際會議中心正在舉行兩岸第一次的WTO「特別防衛措施調查聽證會」。這是兩岸第一次貿易爭端訴諸WTO程序，這議題已在各媒體版面延燒了數個月，後面記者旁聽席上擠滿媒體。

我方申訴人「台灣雲林毛巾產業科技發展協會」的業者，剛從遊行抗爭的現場趕到，忙著解開頭上抗議白布條上的「原告」。花白頭髮、工農穿著的從業者在嚴肅的兩岸WTO聽證會上，情緒激動，與大陸代表激辯每一個數據，反駁對方。我方義務的國貿學者和律師也出席協助業者提出論證。有業者代表急到直接公開邀請大陸代表赴現場了解：「你們不信，那請你們到我們那裡去看，看看情況到底有多嚴重！」

中國大陸政府高規格重視此案，前來應訴的中國大陸代表團，由商務部官員、官方委任的律師及會計師、及代表大陸業者出席的中國紡織品進出口商會所組成，個個西裝筆挺，專業架勢十足，一大疊有備而來的簡報資料，條理分明的申述，他們的委任律師和會計師展現菁英的神態。現場毛巾業者兩相比較，沉痛地說：「人家有政府全力支援，帶隊前來，我們的政府在哪裡？」

「兩軍對戰，政府『胖見』（台語：不見蹤影）！」聽證會後，賴幸媛對著眾多電子媒體鏡頭和麥克風，用台語大聲控訴。這句台語，簡潔有力，立即成為連日電視媒體的焦點，及政論節目的話題。現場的媒體，看到台灣「土公仔隊」對戰大陸「官方菁英隊」的場景，同情心不禁油然而升，更多大篇幅監督政府政策的報導，直到這場毛巾大戰在當年秋冬之際獲得政府裁定。

> 人家的產業有政府全力支援，
> 但我們的政府在哪裡？

媒體對此案長期大量的監督報導，是迫使民進黨政府最終祭出課徵反傾銷稅的關鍵因素之一。政府為了因應這場貿易爭端，財政部公布，三月一日將要開始展開「反傾銷調查」。經濟部的「進口救濟調查」也還在持續。這兩種措施在台灣是由不同部會執行，兩種措施雖然可以同時進行調查，這很罕見，但結果只能有一種。因為進口救濟之調查，需要爭端兩造之間進行政府與政府的協商，當時的經濟部害怕且排斥此法，於是去促請財政部出面做反傾銷調查。

反傾銷案的調查程序更加複雜和冗長，例如業者需要去對岸進行調查，本土毛巾業者根本沒有能力執行。但在國會立委及社會大眾的高度關切和壓力下，財政部只好以政府之力協助業者做調查，並以最快速度做成最終裁決。這是台灣加入WTO的五年後，財政部第一次對會員祭出反傾銷調查並裁定。

可見工具都在桌上，端賴政府是否有決心解決民眾的困境。反觀中國大陸，在入會五年內，就已對台灣及對其他會員祭出二十多個反傾銷案，他們積極對WTO貿易爭端案件之處理，已具備爐火純青的功力。中國大陸對於WTO體制研究下了很深的功夫，在入會前就充分展露，入會時，中國大陸已有四千多本研究專書，台灣只有寥寥四本。賴幸媛看到台灣WTO研究能量和實務經驗薄弱，當時遂向陳總統上簽建議台灣需要成立「WTO研究中心」，獲得同意。這是台灣設立WTO研究中心的緣起。

二〇〇六年九月，財政部的反傾銷調查確認，大陸毛巾嚴重違反不公平貿易，因此課徵二〇四%的反傾銷稅，一期五年，可以再延。從此，毛巾產業得到喘息重生之機會，得以在產業滅頂前，進行其產業技術和產業結構之調整。之後課徵大陸毛巾反傾銷稅延了幾次，雲林毛巾業因此轉型並生存至今。

雲林毛巾業者林秀美在〈媽媽的面巾〉一文提到：「每天清早打卡時，我總會想起賴立委。我很想告訴她。現在媽媽做的面巾，除了擦汗水，也用來擦淚水。不過，是擦努力過後，歡喜有尊嚴的眼淚。」

當賴幸媛卸下陸委會主委，將赴日內瓦擔任我國WTO代表團大使前，二〇一二年十一月十二日，雲林毛巾業者在雲林歡送，寫了一段詞句送她：「群黎哀嚎，聞聲救苦。毛巾業的媽祖率領我們戰勝這場戰爭。幸好有您，毛巾業始能重生。媛生緣起，我們永遠懷念您。」

台聯在二〇〇八年一月的立委選舉，第一次「單一選區兩票制」並沒有取得席次。賴幸媛深覺在立法院美好的仗已經打過，三年立法院的奮鬥讓她自認對得起社會，於是如釋重負地輕鬆離開立法院。

但誰也沒想到，賴幸媛利用WTO機制成功協助雲林毛巾產業重生的案子，轟動武林、驚動萬教，讓馬英九留意到她。馬當選總統後，決定重用賴幸媛。

第三章

管道

有一次馬英九主持兩岸小組會議時說溜了嘴，在討論 ECFA 主結構的條文時，冷不防地提及：「幸媛，你透過你們陸委會的管道去處理。」在場的人全都聽懵了，陸委會哪來管道？應該是海基會的管道吧？

二〇〇九年十二月下旬，中國大陸海協會會長陳雲林率團前進中台灣，泛綠團體在場外抗議聲如雷貫耳，有人從宣傳車上放沖天炮射向會場，數百名法輪功信眾在會場外練功，緊跟著陳雲林，如影隨形。警方一層又一層的拒馬，像鐵箍一般，團團護衛住裕元花園酒店和福華飯店，詭譎情勢，宛如山雨欲來。

第四次江陳會談於十二月二十三日當天簽完協議後，在我方政府官員進駐的台中福華飯店有個小型酒會，會中有滿滿台灣元素，有台中肉圓、奶油酥餅、鳳梨酥、湯圓等台灣小吃，更有一幅採茶姑娘的背景圖樣，會場播放台灣民謠和台灣歌曲。陳雲林端了一碗湯圓品嘗說：「今天是冬至，吃湯圓感覺非常溫暖。我是北方人，喜歡吃鹹湯圓。」

都想「脫下白手套」

酒會杯觥交錯中，賴幸媛端起紅酒，並不是找陳雲林交談，而是走向國台辦副主任鄭立中，她把鄭立中拉到角落一旁長聊起來。賴幸媛與鄭立中之前曾有幾次會面，但這一次格外不同。兩人竊竊私語，原本掛滿微笑的鄭立中，聆聽後神情轉為嚴肅。

「陸委會和國台辦之間，必須建立高層直接溝通管道。」賴幸媛輕聲但堅定地跟鄭立中說，並且給予分析，請他務必轉告國台辦主任王毅。這是賴幸媛琢磨了好一陣子的決定，她認為如此兩岸間的談判與互信的建立，才能繼續走下去。

陸委會與國台辦高層的直接溝通管道，是賴幸媛主動出擊，走向戰略主導的關鍵一步。陸委會並未知會國安會，也沒告訴海基會。當時馬政府已執政一年半，賴幸媛在第一次、第三次江陳會談無法前往中國大陸，兩岸走到了第四次江陳會談，那時雙方都還在摸索階段，互信基礎薄弱。然而，預期二〇一〇年初將要展開《兩岸經濟合作架構協議》（ECFA）密集協商，這會是一項浩大艱困的談判工程，經過一年半的摸索經驗，兩岸間的協商都遇到太多困難，透過海基會和海協會平台又隔了一層，程序煩人、效益頗低、緩不濟急，不如脫下白手套，還來得俐落。賴幸媛認為，與王毅直接溝通非常重要，訊息才不會誤判，否則很容易擦槍走火。

「兩岸關係太困難了，複雜又敏感，互信過程要不斷 engage（互動）和累積。」賴幸媛表示：「那是寸步、寸步在進行著，既不能破局，也不能躁進，要非常有耐心，要很有策略。」

賴幸媛大膽突破了海基會、海協會的架構平台，但仍憂心北京對於雙方主管兩岸事務高層間的「官方對官方」直接溝通與協商會有所顧忌。因為就形式上，兩岸之間的聯繫都應該透過海基會、海協會搭建的平台，進行兩岸政府之間的制度化協商，陸委會與國台辦高層脫掉白手套直接談，逾越了兩岸官方互不承認的現實界限，在政治上很敏感。

在賴幸媛眼中，情報蒐集很重要，陸委會承擔協商、決策的重任，所以亟需建立兩岸雙方高層直接溝通的管道，才不致於誤判訊息及情勢。然而，賴幸媛當時並不篤定，她尚無把握可以建立起官方「直接管道」。

當鄭立中返回北京向王毅報告後，王毅覺得「確有必要」。王毅希望國台辦、陸委會之間不只是傳遞訊息，更要能夠解決問題。這與賴幸媛的初衷不謀而合。經賴幸媛與王毅大開綠燈後，就從陸委會副主委劉德勳、國台辦副主任鄭立中兩人開始起步。

劉德勳是在陸委會長達二十年的沙場老將，對於兩岸政策任何疑難雜症，都可以如庖丁解牛拆解說明，擁有賴幸媛所形容的「機關記憶」（institutional memory），沉穩幹練的作風深受信任，有時還冷不防地在硬邦邦的官式語言中穿插一些幽默話語。在家中收養許多流浪動物的劉德勳，更是兩岸圈的佳話。

而鄭立中充滿親和力的形象，是會說閩南語的中共官員，拉個小板凳就在絲瓜棚下開講，一邊聆聽農民心聲，一邊手抄筆記，打破大家對中共官員的刻板印象，讓農民感受不是來統戰的。後來，鄭立中曾走遍全台三百多個鄉鎮，而被媒體封為「鄭省長」，當時形成獨特的「鄭立中現象」。

德立管道

「很快，不到一個禮拜，管道就設立起來了。」賴幸媛私下稱它為「德立管道」，既是陸委會的「得力」助手，亦可為兩岸關係「得利」，她沒有假手幕僚處理。為了打造這條管道，賴幸媛事先鋪陳了多久？她說：「我自己心裡鋪陳了很久，一直在沙盤推演，盤算時機。」她看準王毅任事積極，猜測成功機率應該頗大，事後證明，她的眼光正確。

劉德勳和鄭立中之間最常使用電話溝通，除此之外，雙方有重要、複雜的意見需要更精準傳達時，會用文字傳真，必要時也會面對面溝通。雙方各自帶團交流期間，就利用機會協商。經過一段時日磨合，劉德勳在管道的表現很稱職，與鄭立中的溝通語言精確，鄭立中也能準確即時傳達王毅的看法，兩人之間常會相互引導對方，精準傳達賴老闆與王老闆之間的訊息，也會暗自較勁，拉攏和說服對己方有利的立場與觀點。賴幸媛說：「那幾年，陸委會國台辦高層管道發揮了重要功能，往往臨門一腳，便排除萬難了。」

陸委會與國台辦高層直通管道建立之後，賴幸媛即刻向馬總統呈報此事，因為兩岸事務是總統職權，需要馬總統的授權和拍板。賴幸媛深切明白，如果沒有國家最高層認可，兩岸高層的直接溝通只是「私通」，茲事體大。馬總統得知後有些意外，但對此樂觀其成，並表達「這樣很好」；但由於國家元首日理萬機，馬總統不會知道所有直接溝通的技術性細節。兩岸雙方說好，這個「管道」必須是機密。

「政策性、政治性的就是劉德勳和鄭立中啟動對接；隨著兩岸事務性協商之業務爆量大增，很快的，事務性、技術性問題就責定由雙方局處長級官員對接處理。」賴幸媛說：「盡量引導對方理解我方觀點，我方也有機會知道對方的想法和關切，而雙方若能夠一步一步理智靠攏，對兩岸都是有利的。」

這個「管道」首先要面對和處理的就是ECFA的難題。這是兩岸最重要也是最棘手的一項協議。重要，是因為指向兩岸經濟合作的未來；棘手，是因為雙方各自都要面對內部龐大的反對力量。

ＥＣＦＡ一開始困難重重，反對質疑聲浪高，台灣社會各界並不看好。二〇〇八年全球金融海嘯衝擊，馬政府憂心台灣經濟在「東協加一（中國）」、「東協加三（中日韓）」及ＲＣＥＰ（區域全面經濟夥伴協定）被邊緣化，於是在二〇〇九年快馬加鞭籌劃ＥＣＦＡ，不料，遇到八月莫拉克颱風侵襲，以及達賴喇嘛來台事件，兩岸關係一度緊張，致使ＥＣＦＡ的協商前景充滿不確定性。

當時，賴幸媛把ＥＣＦＡ定位為「小而必要的經濟協議」，而不是「大而全面開放的自由貿易協定」，但在初始階段，我方經濟部門卻是將ＥＣＦＡ定性為如同「東協加一」的ＦＴＡ。

在二〇〇九年初，賴幸媛透過媒體為文定調〈兩岸經濟協議不是萬靈丹〉，不是全面自由化的ＦＴＡ，未來，ＥＣＦＡ的協商不會讓中小企業、傳統弱勢產業與農漁民受到衝擊，且要讓他們受惠，也絕不會開放大陸勞工來台工作。陸委會主委、副主委及局處長總動員，輪流、頻繁地下鄉，全台走透透，與基層民眾直接溝通，盡量化解民眾憂慮；陸委會官員在廟口用方言開講，親切態度誠懇感人；也在全台許多電台和校園大量宣導，逐漸獲得了民眾的認同。即使在蔡英文所領導的民進黨反對ＥＣＦＡ的各種行動下，一年多來歷次ＥＣＦＡ的民調支持度，遂能緩步上升，到二〇一〇年六月底將簽署時，社會上已有六成多的支持率。

馬英九說溜了嘴

陸委會堅持ＥＣＦＡ是「小而必要的經濟協議」的策略，以及「有助於中南部弱勢產業、農漁產業及中小企業」的定調，和經濟部的想法不一樣，但最終獲得了總統馬英九、副總統蕭萬長、行政院院長吳敦義的高度認同與支持，於是成為我方協商ＥＣＦＡ的重要原則。在你來我往的雙邊賽局中，最後階段也成功說服了陸方，在早收清單中反映出中南部傳產、中小企業、農漁產業的需求，要讓基層民眾先受益。如此，ＥＣＦＡ終能成局。

二〇一〇年初，雙方開始進入緊鑼密鼓的ＥＣＦＡ協商階段，「管道」開始發揮了實質功能。經雙方高層拍板，陸委會與國台辦是政治與政策單位，負責統籌與協商總體文本，包括序言、架構、體例等，而經濟部和商務部是業務單位，負責早收清單貨品等項目內容，雙方逐步加速談判進程。而且部分重要早收清單項目，是由陸委會透過協商促成。

這個「管道」向來都是機密地進行，但有一次馬英九總統主持兩岸小組會議時不小心說溜了嘴，在討論ＥＣＦＡ主結構的條文時，冷不防地提及：「幸媛，你透過你們陸委會的管道去處理。」在場的人全都聽懵了，陸委會哪來管道？應該是海基會的管道吧？

巧合的是，那次海基會董事長江丙坤有事缺席，由副董事長兼秘書長高孔廉代表與會，耳尖的老高當然也聽到了。賴幸媛當場很詫異，馬總統怎會在會中公開提及陸委會這個隱密的「管道」呢？

會後，高孔廉繃起了一副撲克臉，找了陸委會主任秘書兼海基會副秘書長的張樹棣，發了一頓很大的脾氣，追問說：「兩岸管道是海基會與海協會，怎麼是陸委會與國台辦？這到底是怎麼回事？」不知情自覺無辜的張樹棣當場被老高「洗了一把臉」。為此，賴幸媛寫了一紙便條，拜託馬總統：「以後千萬不要在兩岸小組會議中講到『陸委會管道』了。」

這也是為什麼高孔廉曾在受訪時提到，他原本以為二〇一〇上半年不可能簽ＥＣＦＡ協議了。後來高孔廉也在一篇專文中說，協商「僵持了約半年時間，陸方終於勉強同意」。事實上，陸委會並沒有授權海基會去談判ＥＣＦＡ，在雙方已建立起來的

「兩岸制度化協商」的機制下，ＥＣＦＡ協議真正談判者是雙方陸委會和國台辦，以及經濟部和商務部的官員。其他兩岸協議也一樣，都是雙方相關部門的官員進行直接協商。海基會和海協會就是搭建一個必要的平台。

海基會依其會務職權，具有協商、交流、服務三大功能。在協商部分，海基會不是真正在談判桌上參與協商的官員，江丙坤常說「我只負責簽字」，但因陸委會授權海基會，所以他簽署後的協議具有公權力的效力。在兩岸政府每次「正式業務溝通會」時，海基會會派員支援性參加，這樣才能掌握協商進程。但海基會在辦理「江陳會談」時，就要負責重要的評估作業，如場地、動線等等。江丙坤會要求會內人員寫好腳本，詳細到幾分幾秒，甚至於送禮等事宜，也會挖空心思。

ＥＣＦＡ公投爭議

在兩岸交流方面，那幾年海基會出面接待絡繹不絕的大陸各省市參訪團，送往迎來，例如時任浙江省委秘書長的現任國務院總理李強，時任杭州市長的現任中共中央書記處第一書記蔡奇，都曾訪問過台灣。當時，陸資企業家訪問台灣猶如過江之鯽，比如阿里巴巴創辦人馬雲、萬科集團創辦人王石、SOHO中國創辦人潘石屹等。海基會也會籌組台灣的工商團體到大陸交流參訪，跟大陸各地的台商協會組織有密切的連結，長期關注台商所處的困境與面臨的問題。從海基會成立到馬政府執政的二十多年，兩岸互動和交流激增，衍生出許多民眾對法律支援的需求，因此在提供台灣民眾專業的法律諮詢和公證業務服務上，累積了龐大的服務能量。

在ECFA協商期間，陸委會和國台辦這個「管道」也溝通了「ECFA公投案」。在野黨推動「ECFA公投案」，意外為ECFA談判增添變數。二〇一〇年四月，台聯黨主席黃昆輝等人策動群眾反對ECFA，提出連署「ECFA公投案」，目標人數達到十一萬人，越過第一階段門檻連署人數。台聯黨把這些連署書送到中選會後，中選會在五月四日通過公投連署的初審，並交由行政院公投審議委員會（公審會）進行審議，將在三十天內公布是否實施ECFA公投。

由於北京向來視台灣公投為洪水猛獸，認為公投動輒可能與「法理台獨」沾上邊，擔憂此門一開，後果恐怕難以收拾。當綠營提出ECFA公投案，交由公審會審理的三十天時間，國台辦官員對此大為緊張，並嚴肅看待，向陸委會官員示警：「這個公投案會影響到ECFA協商。」

對此，陸委會透過「德立管道」與國台辦溝通，讓他們了解台灣的法制流程和法規，以及台灣政府對ＥＣＦＡ公投案的立場。劉德勳在五月十二日與鄭立中熱線通話，鄭立中表示，「中共官方內部及大陸社會各界對於ＥＣＦＡ公投案的反彈很大，希望台灣方面審慎處理，否則對於進行中的ＥＣＦＡ會有影響。」

鄭立中問：「可不可以讓公審會不要進行ＥＣＦＡ公投案？」

劉德勳直言：「不可能，公審會是獨立機關。」劉德勳詳細說明法規。

劉德勳跟鄭立中解釋：陸委會的新聞稿已經對外表明「政府並不贊成ＥＣＦＡ公投，ＥＣＦＡ也沒有必要公投」。劉德勳再度說明，因為《公民投票法》是法律規範，這是人民表達意見的一種管道，公審會為獨立機關，採取合議制，委員由民間及不同黨籍人士擔任，獨立行使職權，因為法定門檻很高，至今未曾通過任何一項公投議題。其次，因為ＥＣＦＡ屬於經貿的技術性議題，必須送請立法院審議，行政部門也安排了十次向立法院報告，國會已經代表民眾充分監督。如果行政部門跳出來大聲反對，或予以技術干預或打壓，有可能導致街頭運動，反而形成反效果。事實上，全世界已有二百七十二個已生效的自由貿易協定都是先送國會審議，而非交付公投。

鄭立中電話中之回應，表達兩點意見：首先，國台辦高層了解台灣政府並不贊成公投的立場，但為什麼台灣政府高層在公開場合卻表達「不反對公投」？陸方對此感到困擾與不解。其次，在五月二十七日公審會舉辦公聽會時，希望台灣政府能派人去會上表達反對ECFA公投之立場。鄭立中又提到，大陸內部已有重要聲音認為，應該在台灣公投結果確定後，再來看要不要談ECFA。

隔天雙方又溝通，劉德勳再次說明，公審會的公聽會本來就會邀請行政部門代表發言，行政部門將會表達一貫不贊成ECFA公投的理由。鄭立中表示理解，並說：「希望你們從法律面找到支撐點，才不會有一次又一次的公投。」

六月三日，經過將近五個小時的激烈辯論，公審會以十二票對四票駁回台聯提出的ECFA公投案。這個結果，讓提心吊膽的國台辦官員鬆了口氣。對此結果，賴幸媛解釋說：「這就是要引導對岸理解台灣的實況，從台灣的法律面做充分說明，再靜觀其變。」

在ECFA談判期間，除了雙方政府業務單位將近半年期間密集往返於台海兩岸辛苦協商外，陸委會國台辦這個高層管道，特別是在二〇一〇年四月到六月的密集溝通，發揮了即時直接且有效的功能，屢次傳達政府高層之重要意旨和決定，希望對方不要誤判，必須正視。鄭立中有一次跟劉德勳提到：「我們這個窗口就是希望攤開來講，討論和有效解決問題。」

巨大困難中，雙方一步一步相互拉近，這個管道終於在關鍵時刻，協助解決了ＥＣＦＡ協議文本中之重要條文，雙方嚴重歧異、爭執已久的問題，以及協助解決雙方業務單位因為各自面臨國內巨大產業壓力而碰到的困境，比如早收清單所爭執的項目。

賴幸媛說：「國台辦和陸委會當年能夠有魄力各自協調內部龐大壓力和諸多問題，並能各自得到上層充分的授權，是ＥＣＦＡ成局的關鍵。在雙方各自捍衛已方利益的前提下，這個直接的管道可以分別直通雙方最高層，得到最終拍板，頗有效率。」

江平事件

雙方機關的「管道」那幾年也處理了許多突發的疑難雜症，具代表性之一的是「東京影展的江平事件」。

二〇一〇年十月二十三日《東京影展》開幕，星光大道活動開始之前，中國大陸代表團團長江平突然向主辦單位提出要求，堅持台灣代表團必須以「中國台灣」的名稱，或比照奧運模式的「中華台北」，才能參加星光大道活動，否則中國代表團成員就退出該次影展。日方主辦單位很為難，不知如何處理。台灣帶團的行政院新聞局官員堅持不改名。江平回嗆說：「台灣的電影不想賣到大陸了嗎？」兩岸代表團為了稱謂問題，爆發口角衝突，相持不下。

接下來幾天，江平惹出的爭議在台灣輿論蔓延開來。十月二十七日，陸委會發了「東京影展事件傷害台灣人民感情，大陸當局不可等閒視之」新聞稿。這篇新聞稿，因為文中提到吳敦義院長痛罵陸方行徑「蠻橫」，而且陸委會「對江平事件表示遺憾」，並要求「大陸當局應該儘速補救，避免惡化」，這讓國台辦很不滿。

國台辦官員於十月二十九日上午十一時去電陸委會對口官員，表示對陸委會前天發出的新聞稿感到「令人不解」：「針對東京影展事件，雙方一段時間以來已經透過不同方式、不同管道在做溝通，為什麼台灣方面還要一再提出來？激化兩岸對立，這樣升高的基調不合適，希望此事能到此為止。」國台辦官員也解釋，「這是江平個人行為，台辦系統事前不曉得。」這在中共體制是常態，大陸很多人不了解兩岸關係的微妙，碰到涉台問題，最安全的做法就是「寧左勿右」、「層層加碼」，因而惹出事端。台辦無法知悉每件突發狀況並預防，重點在事發後，台辦的處理方式。

就在當天下午六點半，賴幸媛接到國安會秘書長胡為真的電話。胡為真向賴幸媛轉述，他接到外圍「間接」來自國台辦的訊息說：「陸方已經多次表達希望此事低調處理，陸委會這麼高調的說法，是不是宣示大陸政策失敗了？但陸方不希望對陸委會做公開的呼籲或反駁，希望東京影展的爭議就到此為止。」胡為真還特別強調，他的訊息來源表示，對岸的語氣很激動，對陸委會表達強烈不滿。

胡為真電話中傳遞給賴幸媛的訊息，跟上午國台辦官員與陸委會官員電話上直接溝通的「內容一樣」。不同的只在，上午國台辦官員表述時的語氣態度維持理性內斂，而下午輾轉傳遞給國安會的訊息卻是「對岸姿態很高，激烈抱怨」，我方被傳遞者的情緒也隨之起舞。

賴幸媛明瞭，國台辦又用其他間接外圍的管道傳遞訊息給國安會，只是那位向胡為真「打針」（通風報信）的人是誰？

當時賴幸媛內心自忖，胡為真收到外圍「間接」訊息後轉知給陸委會的，正是國台辦與陸委會早上熱線直通的內容，可見陸方對台進行統戰，慣用多手策略，各種所謂的管道眾說紛紜；即使當時兩岸政府「制度化協商」已經建立了兩年半，國台辦與陸委會之間也已經進行密集的高層管道，直接溝通快一年了，國台辦仍經常慣用他們認為「對其有利」的方式分別傳遞訊息給台方，意圖影響或分化台灣政府的高層，賴幸媛說：

「這是一種操弄，如果有效，他們就賺到了！但是這對兩岸關係長期的健康發展，絕對是反效果。」

電話裡，賴幸媛向胡為真勸說：「對方的抱怨，不必樣樣當真，他們會抱怨，很正常。我們也應該學。不要被對方吃定，雙方私下鬥鬥嘴是有必要的。越鬥嘴越不會誤判，互信才能夠增加，這種方式已經證明有效。」賴幸媛還對胡表示：「特別是當對方理虧之際。像這次的江平事件，再不藉機引導，給一點壓力，那麼自己就太笨了，也會讓對方瞧不起，反而不利於兩岸關係正常的發展。」賴幸媛認為，不管國際交涉或兩岸交涉，任何交涉方都必須贏得對手的尊敬，交涉的過程和成果才有可能達到對兩造都是正面的效果。

陸方對台進行統戰，
慣用多手策略，各種所謂的管道眾說紛紜。

胡為真曾經在間接收到其他國台辦語氣非常強烈的訊息時，不解地詢問賴幸媛：「為何對方間接傳給國安會訊息的語氣都很強硬，而且頤指氣使；但是國台辦和陸委會管道之間的溝通就溫和講理？」軟土深掘，不言自明，賴幸媛無言以對。

賴幸媛一直相信，兩岸之間「磨合」是正常的，既競爭又要合作，互動必須本於誠意與善意，而不是惡意或短線操作。當時兩岸對外都不斷強調交流要遵循「對等、尊嚴」的原則，賴幸媛認為，重點在這原則必須被雙方政府真正尊重與落實執行。

十月三十日，江平事件第三天，陸委會官員打電話給國台辦官員，有些苦口婆心地說：「你們真的是辜負了我們透過各種管道主動提供的善意提醒。在事件剛發生時，你們的確有空間主動多說一些話，或做一些動作，這樣更可以爭取台灣民眾的好感，我們是在幫你們，你們現在應該可以了解我們的用心了吧！」我方官員也特別告知對方：「陸委會的新聞稿是經過拍板定案的，這是政府一致的態度。」言下之意，陸委會「知道你們的意圖，別想對我們分化」。

那幾年，在不同事件上，賴幸媛會請陸委會官員順勢讓國台辦對手知道，陸委會清清楚楚掌握對方的多手策略，和對方所意圖運作的各方勢力。陸委會官員嚴肅告知並證明：「這不會有效，反而會造成對兩岸關係良性發展適得其反的效果。」透過陸委會與國台辦官方直接溝通管道的努力，當時曾一步步有效收攏亂象。兩岸事務公權力的處理與定奪，在台灣，陸委會才是權威。賴幸媛堅持兩岸關係的良性推展，不能由陸方下指導棋。她說：「如果眾多管道，例如黨、行政機關、民意代表、媒體、企業家、和學界都有效的話，對方就可以任意透過那些管道下指導棋，我方就容易被對方分化，甚而各個擊破，這對兩岸關係發展會有災難性的後果。」

你來我往的過程中，賴幸媛皆充分授權部署，信任、肯定與鼓勵陸委會官員，也要求執行的官員要竭盡所能地詳細記錄，包括對方的音調，當時的氣氛，都要如實地反映出來，這樣較能做出準確判斷。賴幸媛說：「每一次都是這樣，不管電話或碰面，即便是對方的表情，都是重要的訊息，或者是電話或碰面時要向對方施壓，比如我方官員要求北京釋放鍾鼎邦的事件。」

鍾鼎邦事件

「鍾鼎邦事件」是一宗標誌性事件，當時在台灣社會引發軒然大波，是罕見遭中共當局拘捕後釋放的案例。陸委會掌握鍾鼎邦的情況，與陸方溝通後，鍾鼎邦案才在媒體上曝光。

智研科技創辦人鍾鼎邦長年修習法輪功，於二〇一二年六月十八日赴其父祖籍地江西省時，遭中共國安單位關押。鍾鼎邦在二〇〇三年到二〇〇六年間郵寄廣播插播器材給大陸法輪功學員，以協助插播法輪功影片，他認為這是促進社會正義的行為。鍾鼎邦家人以各種方式尋求國內外各界協助，更呼籲北京即刻「無條件釋放」。鍾鼎邦案引發台灣與國際輿論大量關注，NGO、公法學界與民意代表不分藍綠統獨，共表關切，呼籲對岸放人、要求我方政府交涉。

鍾鼎邦事件發生之時，剛好兩岸正在密集協商《兩岸投資保障協議》（簡稱《兩岸投保協議》）。我方要求《兩岸投保協議》內容中，當台灣人被拘押時必須「通知」家屬，但陸方當時原只同意「通報」機關。

正當急如星火之際，國台辦官員在六月二十五日晚間致電陸委會官員「通報」，鍾鼎邦於六月十八日因為兩個罪名——「危害國家安全、危害公共安全」，被江西省贛州市國安局監視居住，六月二十六日會請中國公安部管道「通報」台灣的法務部。國台辦官員電話中指出，「此個案已經『通知』台灣家屬，也『通報』了行政機關，陸方已展現善意，此案純粹個案，不要拿來搞通案，通案沒有討論餘地。」

對此，陸委會官員即刻嚴肅回應：「台灣社會對於陸方此舉，馬上就會解讀：『練個功就危害國家安全嗎？』這不就應證了台灣民眾對中國大陸正在修《刑事訴訟法》的擔心之處嗎？也就是無限上綱到國家安全。」

陸委會官員進一步要求：「陸方一定要盡快對外說明，雙方之間要努力，不然會對《兩岸投保協議》的簽署產生影響。」並籲請陸方保障當事人的正當法律程序，包括程序透明、可以聘請律師等。

賴幸媛的援救策略，就是把鍾鼎邦案與《兩岸投保協議》掛鉤，在檯面下低調積極運作。因為這項協議是第八次江陳會談的重頭戲，台商非常關切與重視，而且雙方在這項協議已經談了兩年，如果協議簽不成，就意謂兩岸關係陷入僵局，北京的面子恐怕也會掛不住。兩岸關係特殊，法輪功議題又特別敏感，賴幸媛認為「政府積極救援鍾鼎邦，只能在檯面下進行，才有成功的機會」。對於外界時有砲火批評，但陸委會不為所動，因為要做到「成功營救」，才是重點。

對於陸委會官員的要求，國台辦官員表示，陸方很快會對外說明，並強調：「我們絕對不是無限上綱，如果沒有事證，我們不會亂抓人。」陸方請台方不要拿此個案搞通案，指的是《兩岸投保協議》對人身安全保護上的相關內容，當時雙方仍有爭執，有待進一步協商。對方說明，未來如果有個案，陸方還是會個案協助，而不是放入投保協議通案處理。

除了電話經常溝通外，更需要直接有效的當面溝通。八月一日，陸委會與國台辦官員在上海虹橋賓館當面溝通「人身自由與安全保障」，台商最關切的主要有兩點：一是人身安全保障，二是仲裁問題。對於鍾鼎邦事件，雙方你來我往，有一番針鋒相對和現場給予壓力。

陸委會官員語帶威脅而嚴肅地說：「此案會使《兩岸投保協議》遭受極大壓力，甚至破局，陸方應盡速釋放鍾鼎邦。」賴幸媛授權部屬，做必要時《投保協議》破局的準備。

國台辦官員回應：「在投保協議簽署前，處理本案有困難。」

陸委會官員進一步要求：「如果在投保協議簽署前無法釋放，至少應在協議簽署後盡快處理，並應該明確說明他的具體犯罪行為。」

國台辦官員回應表達：「我們已讓鍾鼎邦和他的配偶再次通電話，我們對『本案處理時機會再作考量』，也會考慮鍾鼎邦所涉犯罪行為對外明確說明。」

近一個半月兩邊官方的直接溝通，雙方終於達成默契，陸委會獲悉鍾鼎邦即將獲釋。陸方還開了特例，同意鍾鼎邦聘請律師，陸委會也協助鍾鼎邦家屬聘請律師。《兩岸投保協議》如期在第八次江陳會談八月九日在台北簽署。隔了兩天，在八月十一日，鍾鼎邦獲釋返抵台灣。

八月八日，就在江陳會談在台北登場前，在鍾鼎邦獲釋前兩天，賴幸媛在記者會上婉轉但很有把握地說：「政府一直非常關心鍾鼎邦案，公權力也一直積極在協調處理，我們在許多場合都強調政府對此案的立場。這個案子透過兩岸常態性的機制在處理，機關對機關的努力，是最有效的。」言下之意，兩岸的政府已經談定了，鍾鼎邦將重獲自由，兩岸常態性的「機關對機關」的機制，才是真正可以把人救回來的管道。兩天後鍾鼎邦返台。

在協議方面，經台方積極爭取後，《兩岸投保協議》第三條「投資待遇」第二款明訂落實投資人及相關人員人身自由與安全保障之基本原則：「雙方應加強投資人及相關人員在投資中的人身自由與安全保障，依各自規定的時限履行與人身自由相關的通知義務，完善既有通報機制。」

雙方在協議中特別以「共識」文件，落實通知、通報的具體實務。如果台商因人身自由受限制，陸方會依規定在二十四小時內通知家屬，若家屬不在大陸，將會通知台商在當地的投資企業，同時並會在《兩岸共同打擊犯罪協議》既有的通報機制基礎上，及時通報我方主管機關。相較於國際間依《維也納領事關係公約》，在七天內通報駐當地使領館的規定，《兩岸投保協議》進一步爭取到在通知與通報機制的相關規定，更強化了台商在大陸的人身安全保障。

陸委會救援成功，賴幸媛感到高興，笑說：「你看當時的陸委會厲不厲害！」相較於NGO工作者李明哲在二〇一七年因「顛覆國家政權罪」被判五年徒刑關入湖南岳陽的赤山監獄；二〇二三年八旗文化總編輯富察（李延賀）在上海被國安調查監禁至今，蔡英文政府皆無力營救；這兩件案例與鍾鼎邦案的成功救援相比，有如天壤之別。賴幸媛說：「這是因為當時兩岸政府建立了制度化協商的機制，雙方也有很大的誠意想要進一步推動兩岸關係實質的改善。」賴幸媛肯定國台辦在鍾鼎邦案展現魄力和承擔，成功協調陸方的國安單位。這很不容易。

賴幸媛認為，這與陸委會官員談判風格和膽識也有很大關係，她說：「陸委會官員語氣堅定，沒有動氣，但軟硬兼施，讓對方深刻體會有不得不處理之必要。」

作為賴幸媛政治幕僚的辦公室主任施威全，與國台辦官員也有直接的「特殊管道」，那幾年裡，也在機密地進行著。馬總統對此有完整資訊和掌握。「特殊」在於，這個管道傳達與溝通的內容，偏重理念和政治性概念與議題。賴幸媛授權施威全，與對方進行政治、社會等進步理念的溝通，希望對方能更深入理解台灣政治社會之特質、台灣歷史之特殊、台灣基層社會之真實感受，以及兩岸關係必須和應該如何「穩健前行」的方式。

賴幸媛認為，「循序漸進、穩健前行」不應該只是雙方政府的口號，而是雙方政府必須用行動和意志去努力執行，只有一方不可能成事。賴幸媛認為「節奏」很重要，藉此拉住國內和對岸的步調，重要媒體也以社論呼應賴幸媛的「節奏」概念。那幾年，賴幸媛深刻看到來自雙方都存在的危機，她深信任何一邊的不耐心或有個別目的地刻意躁進操作，最終一定會遭到社會反撲，反而造成兩岸關係的倒退。

那幾年，賴幸媛內心期待在她自己任上，能與團隊共同奮鬥努力，為國家建構起在兩岸關係上真正實質的改善，希望這改善能夠達到一個「重要基礎」的程度，讓這基礎可以 reach the point of no return（不可逆轉）；也就是當基礎穩固，任何政黨執政也可以在「基礎上」繼續穩健前行，讓社會實質受惠，讓兩岸關係長久和平。她說「building block」（疊磚塊）雖然非常耗時耗力，但在進行一塊一塊磚石堆起來的過程當中，雙方的政治工作者和政府部門可以累積經驗、傳承經驗，學習到用哪些務實的、有效的方法可以解決人民的問題；而當基礎不斷累積，經過一代一代之後，希望兩岸問題可以最終和平解決，而不是兵戎相見。賴幸媛說，這是政治工作者的重責大任，不管什麼顏色，也不管什麼認同。

疊磚塊雖然耗時耗力，但在一塊一塊磚石堆起來的過程當中，雙方的政治工作者可以累積、傳承經驗，學習用哪些務實有效的方法，解決人民的問題。

因此，賴幸媛認為，陸委會和國台辦之間的理念溝通也同等重要。賴幸媛將這個責任交付給施威全。雙方比較多是兩岸高層之間的理念溝通、對話，增進雙方理解。雙方都會拋出敏感的政治問題，會有「坦率」的爭執、辯論，並各自把問題帶回去研究。王毅也非常重視這個「特殊管道」的溝通，有近三年的期間，施威全代表賴幸媛多次和王毅所信任授權的國台辦官員會面，常電話溝通，施威全和王毅也深入面對面對談幾次。每次都很關鍵。

施威全說，因為溝通對話的時間經常在深夜，而且經常越重要的事談得越晚，所以施威全在其書，取名《協商總在晚餐後》。

「賴王互訪」的安排

有一次，在《兩岸投保協議》簽署前幾天，國台辦官員深夜致電給施威全，傳達了王毅主任的看法：「王老闆希望與賴老闆溝通，現在已是關鍵階段，希望共同努力。我方已經盡了最大努力。」

這通很長的電話傳達了在《兩岸投保協議》最辛苦也是糾纏最久的部分，國台辦突破僵局了，達成史無前例把大陸公、檢、司、法、商都納入《兩岸投保協議》的規範。隔天，國台辦官員也透過兩個機關的正式管道，傳達陸方《兩岸投保協議》突破的訊息給陸委會的對口官員。那幾年，施威全妥善扮演「特殊管道」理念溝通的角色，拉進了雙方部門的距離。王毅在這個關鍵時刻，先請重要幕僚深夜時刻通知施威全已突破的訊息，箇中奧妙不言而喻。

雙方理念的溝通，其中之一是中華民國的概念與實質。陸委會注意到，對岸經常關切「兩岸一中」這個政治議題，以及我方政府的說法。陸委會則會強調，只要講到「兩岸一中」一定要講「中華民國」，試圖拉近對方對中華民國的認同。

施威全向國台辦的對口官員表明：「你們如果在意兩岸同屬一個中國，就要面對

『中華民國』這個問題。」施威全指出，因為世界各國都普遍認為「中國」就是中華人民共和國，「中國」的詮釋權、代表權都在大陸手上，大陸不需要自己去向世界強調「中國」就是中華人民共和國，對台灣來說，我們不能只有表述「兩岸一中」，也必須同時強調「一中」對我方就是中華民國，這不僅是根據我們的憲法，也是多數台灣民眾的認同。如果大陸那麼在意「兩岸一中」的政治話題，那麼大陸就要面對「中華民國」，就要在「兩岸一中」裡能夠看到「中華民國」，否則只是大陸單方面的說法。

陸委會針對社會大眾所製作的「中華民國是主權獨立的國家，台灣的命運由兩千三百萬人來決定」的國旗主權宣導短片，活潑青春洋溢快樂，很有感染力，頻頻播放，也分送給來台參加江陳會談的所有大陸官員。在藍綠分歧嚴重的社會中，陸委會積極反映台灣民意最大公約數的「中華民國認同」，也逼促大陸不能迴避。

國台辦官員表達：「面對『中華民國』的問題，我們不會視而不見，我們也不會迴避，雙方雖有歧異，但相信總會找到解決的方式。」對方更強調：「我們會正視」。理念的溝通，拉近對方願意面對「中華民國」現實的存在。

在二〇一〇年三月底，王毅首次接受台媒專訪時透露，兩岸事務主管負責人互訪並非不可能，只要時間、時機與條件允許，他願赴台灣寶島參訪，實際了解台灣情況，

「如果有時間，最想爬玉山！」賴幸媛六月初人在香港視察陸委會香港辦事處的業務，這是有史以來中華民國現任部長首次訪問香港；賴幸媛受訪時，不但公開表達歡迎，還提及如果王主任想爬玉山，她也會陪同爬玉山，並提及她也願意訪問大陸。

「賴幸媛與王毅互訪」的可行性和相關安排，成為「特殊管道」討論的重要議題。二〇一一年，對岸對於「互訪」更顯積極，然而兩岸高層首長歷史性的會面，有許多政治障礙要先突破，例如頭銜稱謂，以及機關的政治定位。

雙方透過這個特殊管道常溝通，拉近理解，突破政治障礙；雙方也有共識賴幸媛應先訪陸，王毅再回訪。施威全直言：「主委二十四小時都是主委，沒有第二種身分，應該要以陸委會主委身分訪陸，官銜不應該是問題。」國台辦官員則稱：「兩岸終究會走到這一步的。」「王老闆與賴老闆互相拜訪，是可以安排的。」官銜稱謂問題已經可以解決了。二〇一二年陸委會主委與國台辦主任互訪，往前推進一步，將成定局。但在賴、王有機會以正式身分與官銜碰面之前，都另就新職了——他們本來快要碰面了！

那幾年，在每周兩岸小組會議之後，或是電話中，馬英九有時會對賴幸媛說：「幸媛，這件事你就去處理。」賴幸媛就明白這個暗語，也就是要透過陸委會和國台辦的官方管道去解決問題。賴幸媛笑說：「在台灣很多人都會對外宣稱有兩岸管道，或他們是兩岸密使之類，這從李登輝總統主政時期就很多。」在二〇〇九年底陸委會與國台辦建立的官方管道，在大陸可以上達中國國家主席胡錦濤，在台灣可以直通總統馬英九。在那幾年，兩岸因此能很有效率地溝通、協商和解決彼此的許多問題。

賴幸媛是史上任期最久的陸委會主委，在四年五個月的日子裡，她跟王毅合作完成了十八項兩岸協議，最重要的一項就是ＥＣＦＡ。ＥＣＦＡ就是「管道」的試金石，之後的兩岸各項重要協議的協商與突發事件，都會透過這個管道協助處理並解決問題。賴幸媛說：「這個官方直接管道，可讓我們再確認情報。許多困難須由雙方做政治與政策決定的，會由這個管道促成最終拍板，兩岸工作的統理協調回歸到陸委會和國台辦。」從國台辦四年多來的一些著重務實效果和彈性調整的作為來看，可以看到其中的關鍵，與賴幸媛和大陸方面的互動有關。

從高層直接溝通過程中，賴幸媛發現：「王毅的回應積極，也願意承擔，有魄力，從互動中可感受到，他對中共高層有相當的影響力。」兩岸簽署ＥＣＦＡ和《投保協議》，可說是胡錦濤任內對台工作的重要政績，也是王毅對台工作的亮麗成績單，王毅之後在中共政治仕途上官運亨通。

賴幸媛總結說，陸委會和國台辦這個「管道」有三個主要功能：一是傳遞正確訊息。這樣可以避免雙方誤判，這是雙方決策者很需要的基本功夫。另外，一方若判斷是重大訊息，就會先行通報另一方，讓對方不要有意外（surprise），這樣會減少問題發生時的處理成本。二是解決問題。透過不斷溝通和協商，了解對方立場、想法和侷限，最終會找出雙方可以接受的方案。三是建立互信。透過誠意理性的溝通和協商，理解自然會增加，很多問題可以提前處理，當問題一次一次獲得處理和解決，互信自然可以累積。

建立溝通管道的主要功能有三：傳遞正確訊息；解決問題；建立互信。

賴幸媛於二〇一二年十月離開陸委會，十二月赴日內瓦就任我國駐ＷＴＯ代表團大使；二〇一三年一月，劉德勳也離開陸委會。二〇一二年秋冬之交，中共舉行十八大，中共總書記胡錦濤裸退，由習近平接任，成了集黨政軍大權於一身的新中共領導人。王毅於二〇一三年三月接任中國外交部部長，鄭立中也轉任中國全國政協港澳台僑委員會副主任。

賴幸媛自述，「提前」離開陸委會，有些遺憾。她深知ECFA在台灣社會最後能夠「逆轉勝」的艱難與關鍵之所在。她說，那段歷史，應該給各政府機關最嚴肅的借鏡。因此她對ECFA後續的《貨品貿易協議》和《服務貿易協議》的談判非常戒慎小心，希望留任陸委會，抓緊主導服貿與貨貿的談判、完成談判並取得民意的認同與支持，如同三年多前完成困難的ECFA一樣。

她認為後續這兩項協議的「地雷」太多，若做得不好，很容易會「開花」，那麼她心中想達成的那個point of no return就連一點機會都沒有了。但馬總統很誠意地告訴她：「你已經完成史上無人能做到的十八項兩岸協議，任何人接陸委會主委都是a piece of cake。」

陸委會和國台辦都改朝換代。賴幸媛與王毅的秘密管道，劉德勳與鄭立中副首長層級的溝通協商管道，陸委會和國台辦局處長層級的溝通協商管道，也就走入了歷史。果不其然，二〇一四年，服貿引爆了太陽花學運，扭轉了兩岸的命運。之後，國民黨失去了政權。

第四章

兩岸共打協議

有了《兩岸共打協議》後，犯罪者深切認識到大陸不再是「罪犯的天堂」。兩岸雙方司法、法務和警政系統逐步對接，並且改善協議落實的具體狀況。這項協議保障人身安全，陸委會加了道安全閥，讓台灣人民免於「被送中」，也成為民眾持續支持度最高的兩岸協議。

香港《無間道》系列電影中，只要有人出現在港口等候船隻的畫面，十之八九，就是有罪犯準備偷渡到中國大陸的沿海城市。長期以來，台灣重大刑犯和經濟犯動輒逃往對岸，潛藏避禍，中國沿海城市成了犯罪者的天堂，造成了台灣社會難以撫平的傷口，也累積了對中共當局的不滿與怨懟。

真實世界更是有層出不窮的案例。新店的黃姓「帽T殺手」心狠手辣又不失冷靜，「ㄅㄧㄤˋ——ㄅㄧㄤˋ——」一行刑式槍法向對方連開了四槍，擊斃了新店一位咖啡豆貿易商，旋即逃往廈門藏匿。

罪犯潛逃對岸

二〇二一年十一月，黃姓殺手兩度變裝，不斷轉換地點，不停製造斷點，更將槍枝細部拆解，丟棄在桃園機場航廈外的路旁水溝，全程僅花四個小時便脫身，犯案手法相當冷靜縝密。警方調查研判是毒品糾紛所致。黃男逃往廈門避風頭，入住廈門市思明區防疫旅館，疫情期間洩露行蹤。時隔不到一個月，黃男被廈門公安機關逮獲，並遣返回台。

另一個案例，震驚全台的台南學甲八十八槍的槍擊案，這樁發生在二〇二二年十一月的案件，因為台南地方勢力與黑金幫派掛鉤，政商聯手搶食太陽能光電利益，惹怒黑道勢力，因此延燒到台南正副議長選舉案。自詡文化首都的台南，因黑金疑雲而黯然失色，該案也衝擊地方選舉的選情。該槍擊案主嫌「紅龜」洪政軍與槍手孔祥志逃往對岸。到了二〇二三年三月在福建落網，才從廈門循空運直航管道，被押解返台歸案。

這些重大刑案的嫌犯遣返，都是依據《兩岸共同打擊犯罪暨司法互助協議》（以下簡稱《兩岸共打協議》）規範的「人員遣返」方式來進行。若非有二〇〇九年四月簽署「兩岸共打」這一個協議，並且確實執行，不然數十年來兩岸偷渡的長期沉痾，恐怕都解決不了。

鮮為人知的是，二〇〇八年十一月，第二次江陳會談才剛完成兩岸空運、海運、郵政（即三通）和食品安全等四項協議的簽署，大陸方面原本對「兩岸共同打擊犯罪與司法互助」這議題興趣不高。賴幸媛透露，陸委會將「兩岸共打與司法互助」提到了第三次江陳會談的優先議題，並且極力說服對方同意列入議程，陸方認知到這個議題的急迫性和重要性，於是態度轉為非常積極。事實上，不法分子長期利用兩岸制度的漏洞和政治的矛盾，將大陸當成犯罪的庇護所，甚至進行跨境犯罪，早已成為兩岸治安的莫大隱憂，陸方也深感頭痛。

陸委會當時研判，雙方如果簽署「兩岸共同打擊犯罪」之協議一定會獲得台灣民眾的普遍支持，在立法院過關容易、阻力小，因為台灣民眾長期來對那些潛逃到對岸、逍遙大陸的各類型犯罪者，厭惡到了極點。

《兩岸共打協議》上路十多年來，成果碩實累累。根據陸委會統計，截至二〇二三年六月，陸方依協議遣返通緝犯計五〇九名。自二〇一九年至二〇二二年十二月總共遣返回台二十人，包含重大嫌犯朱雪璋（二〇二〇年）、新店槍擊命案黃姓槍手（二〇二一年）、以及台北市夜店殺警命案李姓嫌犯（二〇二一年）等，二〇二二年遣送兩名涉及侵佔及毒品案犯嫌回台，二〇二三年則遣送涉台南八十八槍擊案的洪政軍、孔祥志兩名犯嫌。

「跨境犯罪，是兩岸政治關係造成的制度性漏洞。」賴幸媛指出，罪犯利用兩岸政治的緊張關係，犯案後從容潛逃對岸，視台灣法律於無物，當簽下《兩岸共打協議》後，就代表兩岸官方共同承擔義務和責任，當張開了天羅地網，讓台灣犯罪者深切了解大陸不再是「罪犯的天堂」，即便逃亡到對岸，同樣要面臨刑事追訴的後果。

《金門協議》升級版

《兩岸共打協議》的前身，可說是《金門協議》。從一九八七年台灣解嚴後，大陸偷渡來台人數暴增，尤其是從福建平潭逃亡來台，亦造成新竹「靖廬」收容中心人滿為患，而且耗費鉅額國家公帑，讓台灣政府官員疲於奔命。為此，兩岸分別授權雙方的紅十字會，於一九九〇年九月在金門舉行會談，達成了《金門協議》，雙方同意透過民間機構紅十字會以公開合作的遣返方式，商定以馬尾對馬祖，以及廈門對金門，採取租船海上遣返方式執行遣返作業。

但這項歷史悠久的《金門協議》，規範對象僅限於偷渡犯、刑事犯或刑事嫌疑犯，而且只是由民間機構紅十字會進行遣返作業，兩岸的司法、法務、警政系統的公權力沒有直接聯繫和合作。因此，早期《金門協議》執行的遣返作業，都是以遣返從大陸來台的偷渡客返回大陸為主，對於遣返我方潛逃到大陸的犯罪者，沒有幫助。當時的陸委會副主委劉德勳就說：「兩岸對於通緝犯的逮捕與遣返，雖然《金門協議》有相當程度的認識，但都屬於個案罪犯的通知，沒有全面制度化的平台，幫助台灣系統性掌握台灣逃亡到大陸的罪犯情況。」

兩岸政府的司法體制差距甚大，中國大陸「黨政公檢法」的司法體制相當複雜，不同犯罪型態有不同的主管機關，中共「以黨領政」的政法委體制，有別於中華民國五權分立的憲政體制，兩岸之間不但有「機關對接」的困難，連罪犯情資通報都難以執行。因此雙方公權力必須坐下來協商，談出一個全面性制度化合作的平台，賴幸媛說：「打擊犯罪、司法合作的制度化機制必須由雙方公權力來合作與執行，才會有效。」

沒想到，兩岸談判和簽署《兩岸共打協議》的進展竟然如此神速。賴幸媛指出：「這項議題，不僅在較短期間內就成功的列入了第三次江陳會談的議程，而且雙方在談判過程中，對於協議內容的共識高、分歧較少，很難得。」於是在二〇〇九年四月南京舉行的第三次江陳會談，就簽署了《兩岸共同打擊犯罪及司法互助協議》。

在打擊犯罪的部分，合作範圍相當廣泛，明列要打擊的犯罪類型，例如：將殺人、搶劫、綁架、走私、槍械、毒品、人口販運、組織偷渡及跨境有組織等重大犯罪者列入打擊對象；更進一步還將台灣社會高度厭惡的經濟性犯罪也列入了共打對象，如：侵佔、背信、詐騙、洗錢、偽造或變造貨幣及有價證券等的經濟犯罪者；甚至連在公職上因貪汙、賄賂、瀆職的犯罪者也納入打擊對象；劫機、劫船者也是打擊對象。為了有效打擊犯罪，這項協議同時規範，雙方公權力應交換罪犯情資、協助緝捕罪犯、合作犯罪的偵查、並且遣返刑事犯和刑事嫌疑犯。

可以看到，這項協議對要打擊的犯罪者有廣泛明確的界定，對兩岸如何協助對方達成共同打擊犯罪的方法，也有清楚的規範，因此，只要這項協議能夠具體落實，就可以有效處理台灣刑事犯潛逃大陸的問題。

在司法互助方面，雙方在文書送達、調查取證、罪贓移交、裁判認可、罪犯接返、人道探視等，都達成史無前例的合作。「司法管轄權」是兩岸之間很敏感的地帶，涉及到主權和治權的敏感問題，雙方竟然在很短的時間就達成了這項協議，並且將「司法互助」也納入協商內容，還寫進協議的標題，當時跌破了許多專家學者的眼鏡。

賴幸媛說，司法互助涉及到「司法管轄權」的概念，相當敏感，但當時雙方在務實的態度下，擱置了主權爭議，採取「互不否認」對方治權的精神，尊重彼此公權力的行使。她認為，雙方當時能夠這樣的協商，背後的動力來自於想要務實解決民眾利益相關的重要事務，賴幸媛說：「這其實非常不容易，在過去，是難以想像的事情。」而且雙方也都體認到公權力必須介入和執行，才能解決民眾的問題。兩岸政府於是透過這項協議的簽定，在共同打擊犯罪和司法互助的議題上，建立了官方常態化聯繫、溝通與處理機制。

兩岸第一次有了《兩岸共打協議》，但雙方司法警政機關之間在實務上還需要很多的磨合，各自政府的內部也需要部門間做好分工和整合；之後多年，雙方司法、法務和警政系統，透過逐步磨合，機構對接、並且相互到對方的機構參訪研討、互相學習經驗，逐步檢討和改善協議落實的具體狀況。根據當時政大選研中心的民調顯示，在簽署時，有高達七九・六％的民眾贊成這項協義，往後多年，這項協議也是台灣民眾持續支持度最高的兩岸協議，因為社會有感。

賴幸媛說：「這項協議之我方版本內容，由時任陸委會特任副主委、法政專家劉德勳規劃統籌。」她笑說：「他很厲害，用心很深、很專業，是劉副教會我這項議題之急迫與重要，我很快領悟，就設法說服各方，變成是我方在第三次江陳會談的優先協商議題；能成功，當時連高層都有些意外。」內容的規劃反映已經存在台灣社會至少二十年的問題，以及預設未來社會將會遇到的問題，深思熟慮。

賴幸媛說：「陸委會那幾年，在兩岸協商有很強的 Agenda Setting（議題設定）的能力。」這項談判，由陸委會法政處領軍我方政府團隊，以及國台辦法規局領軍陸方政府團隊，雙方進行協商，成功達成。劉德勳當時笑說：「沒有辜負民眾的期望，我們做到了！」

回顧《兩岸共打協議》的協商，賴幸媛指出，雙方主管機關在協商時，對岸專家對我方提供的文本表達高度評價，認為專業、創意和嚴謹度各方面都佳，因此，雙方很快有了大部分的共識，基本上，採用我方版本的內容與文字，有歧異的部分最後都能相互拉進，妥善解決。

我方關切的幾個重點，皆順利納入協議文本，例如：協議的名稱要包括打擊犯罪和司法互助，協議內容也要有這兩大部分，這意謂著雙方在制度上要去共同承擔打擊犯罪的責任和義務，這是我方版本的文字。另外，我方也特別要求打擊經濟犯罪必須納入協議文本內容，因為對台灣人民而言，如果「重大經濟犯罪」沒有納入協議，該協議即使簽署也存在很大的缺陷，因此這部分也依我方建議納入文本，內容採用我方文字。當時劉德勳說：「任何罪犯都有可能被抓回來，但是陸委會並不是警察局，陸委會談定的是整體性的協議，據此給予兩岸執法機關有一個SOP的合作平台。」而在刑事裁判罪犯之移管（換囚）部分，也依我方建議納入文本，並採用我方文字。

賴幸媛說，這項協議本來雙方有歧異，但最後達成共識的一項有趣的部分，是關於協議的體例和架構呈現。我方認為，由於這項協議的範圍包含較廣，用分章來呈現會更清楚有序；而陸方的習慣是條列式。最後陸方同意依我方建議的協議體例，以分章方式處理。這是兩岸協議第一次用分章的體例呈現，開啟了這種體例呈現的可行性。後來的協議，如：ECFA、醫療衛生合作協議、海關合作協議等，也都採用分章體例。

兩岸制度化協商

另外，兩岸從第一次江陳會談開始就對協議的「生效條款」有很大的歧異。因為雙方的法制程序不同，我方需要完備立法院的程序，有其不確定性，若在協議內明定生效日期，會產生「不尊重立法院之監督」的問題；但陸方關切若不明定生效日期，是對協議的落實執行沒有決心，堅持必須要有生效日期。第一次江陳會談的周末包機協議，生效日期是自簽署日七天後生效，當然陸委會被立法院痛罵，即使社會氛圍都非常期待要趕快直航。賴幸媛說，陸委會對生效條款的問題非常在意，因為首當其衝會被立法院痛批的就是陸委會，而當時的陸委會又特別重視立法院所代表的民意監督。

因此，每次江陳會談，陸委會在各項協議的生效條款上，都會費盡心力地向國台辦分析溝通；第二次江陳會談簽的協議，如《空運直航協議》，生效日期改成自簽署日起四十天生效，到了第三次江陳會談，如《兩岸共打協議》，生效日期就展延到自簽署日起六十天，到了第四次江陳會談的協議，如《兩岸農產品檢疫檢驗協議》，再展延到簽署日起九十天。看起來一次次雖有進步，但「押日期」仍然顯示陸方對我方協議執行力的信心不夠，陸委會還是一樣會被批判不尊重立法院監督。終於，陸委會在第五次江陳會談，在ECFA協議的生效修款上，說服了對方，就不押生效日期了，改成「雙方各自完成相關程序並書面通知對方，雙方均收到對方的通知後，隔天生效」，自此之後，所有的兩岸協議的生效條款都不再押生效日期。

由此可見，當時兩岸在制度化協商下，雙方有機會了解和學習對方的狀況，也很用力去讓對方理解歧異，逐步改善，累積經驗。賴幸媛認為，這就是兩岸制度化協商有趣的地方，和有用的地方。即使雙方一開始有很多分歧，但經由談判桌上的溝通，分歧就有機會一步步化解，而形成共識，凝聚成具體白紙黑字的條文，由雙方公權力落實執行。賴幸媛表示，兩岸制度化協商能夠繼續走下去的前提，是在雙方政府要有為民眾利益去解決問題的強烈動力。若是雙方因為意識形態操弄，形同陌路，倒楣的是民眾，損及的是兩岸制度化協商機制，和有機會可以建構出來的長期穩健和平的兩岸關係。

兩岸在制度化協商下，雙方有機會了解和學習對方的狀況，也讓對方理解歧異，逐步改善。

當《兩岸共打協議》上路後，中共當局雷厲風行展現成果，電信詐騙數量和金額大幅減少。協議簽署後的第四天，販毒教父黃上豐被押返台灣。黃上豐的母親溫玉枝涉嫌販賣海洛因遭查獲，黃上豐為報復檢察官張金塗，一九九五年一月唆使兩名殺手對張金塗開了十二槍。張金塗是民進黨前主席黃信介的女婿，經過十一次手術，總算撿回一命，但終生行動不便。

黃上豐潛逃對岸後，持續隔海遙控販毒，並結合詹龍欄等多名通緝要犯，以貨櫃載運、模具夾帶及漁船走私海洛因、安非他命等各類毒品，跨境遙控製毒、運毒來台，走私來台毒品數量至少有數百公斤，成為兩岸跨境走私販運毒品的大毒梟。兩岸共同打擊犯罪的協議雖然才剛簽，但就促成了兩岸警政系統之聯系與安排，黃上豐在出獄當天遣返，他才剛離開大陸監獄，又要進入台灣監獄服刑。

繼黃上豐之後，接下來從大陸遣返的嫌犯，包括重大槍擊犯陳勇志，涉嫌掏空中興銀行的王志雄，涉貪的前立委郭廷才，綁架台中市副議長主嫌許武祥等情節重大罪犯十餘人，接連落網。

重大槍擊殺人通緝要犯陳勇志涉及多起槍擊案，包括一九九八年三月台南市「路易十三ＫＴＶ」槍擊案，造成兩人死亡；一九九八年四月台中市普羅酒店槍擊案，掃射百餘發子彈，致陳姓女副理中彈不治身亡；一九九九年六月台中廣三ＳＯＧＯ百貨槍擊案，造成張姓孕婦流產，變成植物人；二〇〇四年十月雲林縣議員張嘉元服務處遭人連開三十槍掃射；二〇〇四年十一月之雲林縣莿桐鄉一雜貨店遭掃射七十三槍。

《共打協議》建功多

陳勇志犯案後潛逃大陸，藏匿流竄於上海、廣東、福建、廈門等地，二〇一〇年十月間，時任警政署長王卓鈞率團赴大陸工作交流時，洽請陸方公安部協助緝捕。大陸公安單位循線於當年十二月緝獲陳勇志遣返回台，成了第四次江陳會談前送給台灣的禮物。

還有前國民黨立委郭廷才，他於一九八八年八月擔任屏東縣縣議長期間，涉嫌收受賄賂而變更地目；於一九九二年四月擔任屏東縣東港信用合作社理事會主席期間，以親友名義向該合作社違法貸款二億多元；後來逃往大陸躲避刑責。經透過《兩岸共打協議》機制獲得陸方協助，在廣東省珠海市緝獲郭廷才，於二〇一〇年十一月押解返台歸案。

還有一個知名案件是，前彰化縣議會議長白鴻森。白鴻森涉嫌挪用公款喝花酒，遭法院判刑四年、褫奪公權二年，二〇〇九年十二月因心臟病發住進台中榮總，趁保外就醫期間，據傳以六百萬元透過黑道安排潛逃到福建廈門。經兩岸共打機制，白鴻森及其妹婿羅道堅在廈門下榻的酒店落網，再經金廈小三通管道押返台北歸案。在第四次江陳會談前，陸方以具體行動履行協議內容。

當從中國大陸遣返回台的刑事嫌疑犯，一個比一個大咖，而且是一件接著一件落實，台灣人民才感受到，中共當局是玩真的，不是虛晃一招的假大空。接連多個重大遣返案件，給了在台灣的犯罪者一個重大警告，潛逃到大陸也沒有用了，因為大陸不再是犯罪者藏匿的天堂。

兩岸共同打擊犯罪，十多年執行下來，碩果累累，成績有目共睹。根據法務部的統計，從二〇〇九年四月協議生效到二〇二三年二月，在文書送達部分，我方請求七三一八九件（陸方完成六五三六二件，完成率約為八九・三一％）；陸方請求二六三八三件（我方完成二五二八六件，完成率約為九五・八四％）。在調查取證部分，我方請求二一八六件（陸方完成一五六二件，完成率為七一・四五％）；陸方請求二二八〇件（我方完成二二〇六件，完成率為九六・七五％）。

美中不足的是，雙方司法互助配合度上，有請求達成率不對等的問題。在通緝犯逮捕與請求方面，台灣對中國大陸發出的請求達成率達到六四・七％，但中國大陸對台灣方面發出的請求達成率只有二九・四％。在犯罪情資交換方面，台灣對中國大陸的請求達成率是八五・九四％，但中國大陸對台灣的請求達成率是三〇・七五％。另外，具指標性之重大經濟犯，如陳由豪、曾正仁、劉松藩、王玉雲等人仍無法遣返，國人不免對於協議的成效有所質疑。

「的確有幾個個案，社會覺得不滿意。」賴幸媛說，但《兩岸共打協議》仍然展現了具體成效，是所有兩岸協議中，讓台灣民眾直接很有感的協議。在這個協議簽署前，接到詐騙電話幾乎是台灣民眾的日常經驗，但兩岸運用《兩岸共打協議》來打擊電信詐騙，不管在件數或金額，都大幅下降，有非常好的成果。據警政署刑事局統計，二〇〇九年台灣一共發生三八八〇二起網路和電話詐騙案件，涉及金額高達三・三八億美元（約合新台幣一〇一億元）。到了二〇一三年，台灣一共發生一七七四四起網路和電話詐騙犯罪案件，涉及金額達一・二六億美元（約合新台幣三十七億元），減少被騙金額高達六三％，成效顯著。

但從二〇一六年四月開始，台灣電信詐騙者積極轉移陣地到海外，台灣人分別在肯亞、馬來西亞、柬埔寨、亞美尼亞、越南、印尼、西班牙海外等第三地犯案，這些犯罪嫌疑人，常被當地政府遣送到中國大陸，陸方認為受害者大部分是大陸人，他們應有管轄權。台灣的電信詐騙集團跨國化、集團化，「騙」及五大洲，成為台灣之恥，國際間已將此電信詐騙視為大案在查辦。根據警政署刑事局統計，二〇二二年全台詐騙金額逼近新台幣七十億元，詐騙型態不斷翻新，受害人和金額直線上升，甚至有台灣人被誘騙到東南亞變成「豬仔」。

參與《兩岸共打協議》談判的時任陸委會法政處處長吳美紅指出，在民眾非常關心的人身自由受限問題上，《兩岸共打協議》裡就已建構機關通報機制，大陸公安機關必須在限制台灣民眾的人身自由時，必須盡快通報警政署、法務部。陸委會也在《兩岸投資保障協議》的人身安全的共識中，進一步爭取到必須「二十四小時內」要通知家屬。

當二〇一六年民進黨重返執政後，兩岸官方聯繫開始出現「斷斷續續」的狀況了。二〇一八年，中國影星范冰冰的台籍經紀人因涉嫌逃稅犯罪，被大陸警方採取強制措施，此事未被通報，引發台灣方面對國人在大陸面臨人身自由的擔憂。事實上，依據《兩岸共打協議》、《兩岸投資保障協議》中的「人身自由與安全保障共識」，台灣人若在大陸被限制人身自由，陸方應「通報」台灣的機關，以及「通知」家屬。

台灣政黨輪替後，民進黨重返執政，兩岸關係急劇惡化，雙方制度化協商完全斷裂，官方不往來，連海基會和海協會之間也「傳真未回」，北京遣返作業選擇性執行，陸方遣返回台的重大嫌犯數量大為減少。

讓人民有感的「安全閥」

知名的案例，如民進黨前黨工、NGO工作者李明哲案。李明哲關注中國民主化運動，多年來支持中國大陸公民社會組織和行動者，曾自費寄贈文學與社會科學類書籍，提供給中國大陸的朋友閱讀人權、近代史相關書籍。二〇一七年三月，李明哲從澳門進珠海時被國安人員拘捕，因涉嫌「顛覆國家政權罪」判處五年徒刑，但陸方對李明哲案沒有二十四小時內通報家屬。後來，又接連發生多起台諜案，台灣多位學者如李孟居、蔡金樹、施正屏等被視為「台諜」鋃鐺入獄，台灣八旗文化總編輯富察（李延賀，大陸籍）被上海國安拘捕調查。北京展現對「政治異議者」強硬姿態，致使往返兩岸者也人人自危。這八年，制度化協商機制斷裂後，雙方完全沒有管道可以交涉與溝通。

二〇一九年香港反送中運動風起雲湧，有人質疑《兩岸共打協議》，可能將台灣人遣送到中國大陸受審，與在香港社會造成爭議的《逃犯條例》有相同結果。對此，陸委會強調，這項協議第六條第四項納入「己方人民不遣送」的原則，所以不會有任何一位台灣人因為《兩岸共打協議》從台灣被送至中國大陸受審。事實上，早在當年兩岸談判這個協議時，陸委會就加了這道「安全閥」。

目前與台灣有司法互助的國家不多，台灣與美國於二〇〇三年三月簽訂《台美司法互助協議》，台美雙方司法互助內容，包括取得案件當事人證言及陳述、送達文件、確定案件關係人身分與所在地、執行搜索及扣押、囑託代為訊問，以及協助凍結資產等，但不包含罪犯引渡。台美自簽署司法互助後，雙方也都有派檢察官到對方管轄地協助調查案件。

《兩岸共打協議》就是經由我方 Agenda Setting，與對岸擱置爭議、化解分歧，達成共識後，形成可長可久解決人民問題的兩岸協議，展現了兩岸「制度化協商」的過程，可以為民所用。在所有兩岸協議中，是讓台灣人民「最有感」的協議之一。

第五章

一雙貴州鞋墊

當二〇二〇年新冠疫情爆發，地域和染疫成了新的歧視，蔡政府將「小明」拒於國門之外，無法回台和母親相聚。但賴幸媛關切的不只是陸配權益的保障，更是台灣長遠的「族群和諧」。因為現階段台灣社會還有三十六萬陸配家庭、六十多萬陸配子女，他們是新台灣之子。兩岸的社會經濟連帶，千絲萬縷，即使政府之間中斷協商和對話，民間交流仍會自然持續……

賴幸媛很喜歡戴耳環，在立委期間更是愛戴斗大有民族風的耳環，與其他立委形成鮮明對比。這個習慣，源自於英國留學時期。在一九八〇、一九九〇年代，反歧視思潮和運動蓬勃發展，賴幸媛受到來自南亞和非洲國家友人的耳濡目染，被友人拉去穿了耳洞，開始戴上特大的耳環，因為這是「同儕認同」，朋友們帶著民族風的大耳環一起參加反歧視、捍衛人權的諸多進步運動，是那個時代進步女性的作風。好友姐妹們還常互贈有自己國家特色的耳環，每一副都代表一個友誼的記憶。

將心比心，摒除歧視

在英國求學建立起的「反歧視」價值信念，堅定不移，也反映在她致力改善陸配權益的工作上。多元種族共存繁榮是當代英國社會的特色，源自於其淵源久遠的血腥殖民歷史，現任的英國保守黨首相蘇納克（Rishi Sunak），辯才無礙，是信奉印度教、生長於英國的印度後裔，會親點燭光放在唐寧街十號的門前，這是印度教排燈節的祈福。即使當今許多英國內閣首長或重要政治職務是由非白人擔綱，英國的金融界、醫學界、護理界、法律界、教育界、政界等非白人的菁英階層也佔有很高的比例，而且這個社會的族群容忍度、接受度相當高，但種族歧視仍然有形、無形地存在於英國相關體制內和社會中，時而發生族群鬥毆，造成社會傷害和悲劇。在英國的親身經驗，讓賴幸媛在思索陸配權益問題時，很容易將心比心、感同身受地理解陸配的訴求。自己不希望受到歧視，當然也不應該歧視別人，已所不欲勿施於人。

跨境婚姻、異族聯姻，中外自古就有。台灣人稱呼另一半「牽手」，這個非常本土的閩南語稱呼源自於漢人男子向平埔族女子求婚的儀式，記載於《彰化縣志》。賴幸媛說，在福爾摩沙台灣這個美麗島嶼的四百年近代史中，平埔族少女用檳榔接納來自中國大陸為數眾多的閩南、客家的羅漢腳們，才有今天的我們，才會有「有唐山公，沒有唐山嬤」的民間諺語。原住民接納了漢人祖先，台灣自古以來就是移民社會，只是先來後到而已。

「她們是台灣人的媳婦、她們是台灣人的牽手、她們是台灣囡仔的媽媽，」賴幸媛用流暢的台語感性地說，過去制度和政策對陸配有太多歧視，她用台語說：「新時代的台灣人，互相疼惜一世人。」

二〇〇八年七月二十日，馬英九特別給了賴幸媛一封信，裡面放著政大法學院助理教授廖元豪在《聯合報》的一篇媒體投書〈尊重陸配人權，不一樣的陸委會〉的剪報，該文提到陸委會主委賴幸媛與大陸配偶相關團體會晤，公開表示要消弭現行法規中對大陸新移民的歧視規定，廖元豪說，這是陸委會成立以來，唯一一位願意從人權角度看待大陸配偶的主委。這封信是馬英九給賴幸媛的鼓舞，意味著馬也看到了這篇報紙投書。

陸配地位越來越糟

文中直指陸配長期所遭受到的嚴重歧視待遇。長年以來，台灣社會敵視中國大陸的政治氣氛，使得合法來台依親並照顧台灣男人、公婆和小孩的陸配，成為代罪羔羊。廖元豪說：「政府無能對付鴨霸的中國，就一次次地妖魔化大陸配偶，來當出氣筒。」陸配的地位越來越糟。

以工作權來看，一般外籍配偶來台十五天後，就可以合法工作。但語言相通的大陸配偶，即使家境清寒，只能偷偷打工貼補家用，而且隨時有可能會因此被驅逐出境。陸配想出外工作貼補家用，但法律卻不准她們工作。

政府無能對付鴨霸的中國，
就一次次地妖魔化大陸配偶，來當出氣筒。

蔡英文在二〇〇〇年至二〇〇四年陸委會主委任內，還高喊「生活從寬，身分從嚴」的口號，據此推動修法，使大陸配偶取得身分證更加的困難。但社會的實情卻是，在台灣，沒有「身分」就沒有「生活權利」，陸配因為這個口號和政策而陷入更加艱難的境地。不僅生活權沒有從寬，合法結婚依親的陸配，在四年內仍然沒有工作權；而其取得身分權的年限，與其他外籍配偶相較，更猶如天壤之別。外籍配偶只要居留滿四年，就可以拿到身分證，但陸配需要在台灣居留達到八年，時間長了一倍，有些情況下，還要外加其他條件，因而造成更長的時間才能取得身分證。

因此，在台灣這個島嶼上，在二〇〇八年，就有二十七萬陸配在法律上被當作「三等公民」，地位次於台灣人，甚至低於外國人！陸配之所以淪為「三等公民」，這和她們嫁到台灣的另一半，她們的丈夫之社經地位較低也有關係，因為他們大多數是基層勞工、農村勞力、或是處於社會邊緣的家庭，他們沒有資源與能耐為自己和另一半發聲或爭取公平待遇。賴幸媛強調，二十七萬陸配家庭就是台灣社會的弱勢家庭。

從一九九〇年代初，眾多台灣男性和外籍配偶或大陸配偶結婚，這是台灣基層社會對婚姻的自然需求面，古今中外「婚姻移民」比比皆是。但當時台灣的法律規章反映的就是當下社會的現實、偏見和刻板印象。而台灣嚴重的「認同政治」，更加深了歧視。

多數綠營人士會站在防堵、疑懼和排斥的立場，懷疑陸配成為滲透台灣社會的中共協力者，甚至扮演中共統戰台灣的頭號旗手；連社會這麼弱勢的族群，都可以想像成她們是中共派來滲透的！台灣人真的對自己這麼沒有信心嗎？恐怕也不見得，賴幸媛認為，這背後的心理機制就是「認同政治」。然而，從一九九二年政府開放台灣民眾與大陸女性通婚，陸配可以來台後，兩岸通婚比例就不斷上升，到了二〇〇八年，陸配總數達二十七萬。賴幸媛說：「這就是社會需求。」

推動大陸配偶政策改革和權益保障，可以想像到，將會面對社會巨大的反對浪潮，特別是在立法院，要修法過關難度很高。因此，賴幸媛認為，推動修法過程需要有策略、有步驟、有方法，才可能克服艱難之路。

為了陸配權益改革，賴幸媛沒有浪費任何時間，在二〇〇八年五二〇上任的第一個星期，就把陸配政策列為陸委會應該改革的優先議題，她親自主持會議，召集法政處長吳美紅等文官，指示陸委會法政處同仁開始研擬關於陸配工作權、身分證權、財產權等多項權益改革的政策措施和修法內容，目標希望陸配與外配權益能取得較一致的結果，希望透過政策改革的推動，逐步消弭當時國人對大陸配偶的刻板偏見和嚴重歧視。

援引「社會力」襄助

只要政策方向明確，賴幸媛認為陸委會文官擬定法規修改的專業能力很強。但如何讓文官有機會看到基層社會的實情？真實感受到民眾面臨的困境，從而帶動文官對推動政策改革的熱情？她深知這是修法能否過關的關鍵之一。賴幸媛說，這就需要方法。於是，首先，賴幸媛將「社會力」引入到陸委會公部門。

在二〇〇八年六、七月，為了讓文官重視，賴幸媛至少親自主持了兩次陸配權益改革研討會，邀請新移民勞動權益促進會、中華婚姻發展協會、中華兩岸婚姻協調促進會、勞動人權協會、南洋台灣姐妹會等許多與陸配和外配權益相關的人權團體、多名陸配代表，以及長期關懷投入婚姻移民人權工作的學者們，前來陸委會與文官們深入交流，陳述困境與問題。賴幸媛也請法政專家特任副主委劉德勳一起協助和引領。

這是陸委會法政處同仁與陸配、外配人權團體及陸配們第一次在陸委會親身面對面接觸、溝通。當有機會親自與聞陸配不堪的處境，就能了解到現行政策的不當束縛，現場官員很動容。如抱有高度同情心的吳美紅，眼眶泛紅，聲音有些哽咽，其他在場同仁的神情也深受感染。

賴幸媛見此情景，內心既感動，又高興，她知道「社會力」激發了同仁們原本就具有的良善本質，啟動他們對政策改革的熱情，加上他們原本就有法政專業，要草擬母法《兩岸人民關係條例》相關的修法內容和法規文字、要召集協調相關部會修定的行政配套，以及要提供能說服立法院的周延說帖，就不會是難事了。在後來近一年的修法過程中，法政處同仁就直接和陸配人權團體接上了線，經常溝通、討論，助力滿滿。

陸委會從人權平等出發，由三個政策方向著手修法改革。

第一是，改革陸配的工作權，全面開放。陸配只要合法入境，並通過移民署面試為合法婚姻，就可依親居留，不必申請許可、不必等待，即可在台工作。陸配有工作，在家中的地位更有保障、生活更有尊嚴。賴幸媛說：「大陸配偶的工作權，不只屬於陸配本人，也屬於二十七萬個台灣家庭，陸配的工作權就是二十七萬個台灣家庭的生存權。」

在行政法規方面，勞委會要配合廢止相關行政法規，並全面廢止大陸配偶來台申請工作的許可機制。過去即使可依親居留，也必須符合低收入戶、重病、身障或有未成年子女、家暴等八項特殊條件，才可向勞委會申請工作許可。但經修正後，陸配只要來台團聚即可申請依親居留，依親居留後就可以在台工作，不需要向勞委會申請工作證。

第二是，陸配取得身分證的年限，從過去的八年縮短為六年。另外也增訂「轉換折抵」的規定，已經在台灣度過團聚期的陸配，也可以適用新法，以六年時間取得身分證。

第三是，取消陸配在財產權方面的繼承限制。陸配為國人的配偶，依《民法》規定，應享有平等的繼承權，所以，修法取消了在《兩岸人民關係條例》第六十七條的繼承規定，即不能超過新台幣兩百萬元的限制，並放寬長期居留的陸配可以繼承不動產，完善保障陸配的財產繼承權。在取消遺產繼承總額上限後，領有月退俸的台灣配偶死亡，陸配即可有繼承月退俸權利。

賴幸媛非常肯定劉德勳、吳美紅和法政處的同仁們，當時能以全力投入的精神和專業能力，在歷經一年的陸配權益改革工作上做出了重要貢獻。令她更佩服的，還在於因為同時間內，陸委會同仁們還必須努力承接許多不同任務的高挑戰，例如困難的、重要的兩岸協商任務。

因為兩岸制度化協商從二〇〇八年六月十一日於第一次江陳會談全面開展，陸委會依職責必須承擔我方的議題設定、談判任務的進行、協調整合各部會一起推動；也必須和立法院密集溝通兩岸協商的進程和結果；是總統最重要的大陸政策兩岸關係的幕僚，因此必須提出專業而周延的評估，來說服高層，而且每星期都要在兩岸小組報告，非常密集。可說經緯萬端，同時並進。

第一次江陳會談，周末包機和陸客來台觀光的協議由傅棟成率領優秀的經濟處同仁和交通部同仁一起達成。第二次江陳會談，三通直航議題也由傅棟成領軍。而二〇〇八年夏天，在中國大陸不幸發生的三聚氰胺毒奶粉事件，也波及到台灣許多消費者，受到社會各界高度關切。

陸委會順勢主導此項議題，說服高層和對岸，將食品安全協議列入第二次江陳會談的優先議題，這項民生議題成功插隊。賴幸媛說，由於這項議題涉及法政專業，她請劉德勳專業指導，吳美紅帶領法政處同仁，和衛生署一起合作提出我方版本，進行協商；這項議題受到立委高度關切，於是，賴幸媛和劉德勳也要頻繁到立法院說明。到了二〇〇九年春天，陸委會積極主導推動《兩岸共同打擊犯罪協議》，將這項攸關全民利益的重要協議，列入第三次江陳會談；其協議的專業內容也是由劉德勳、吳美紅和法政處同仁研議、並談判。而當時的陸配權益改革也正在積極進行中。法政處都是執行這些相關工程的要角。

如此密集、高強度的推動大陸政策和兩岸關係的改善，難怪，當時就有陸委會官員跟賴幸媛提到：「過去二十年陸委會的工作加總起來，也沒有現在的繁重。」

溝通遊說工作繁重

為了推動上述陸配權益的改革，除了研擬母法《兩岸人民關係條例》的修法，以及召集相關部會研擬修定相關的行政法規外，陸委會更必須進行大量的國會黨團和立法委員的溝通與遊說工作，並與社會大眾溝通。

賴幸媛勤奮奔走立法院說明政策，尋求支持。細數一下，在二〇〇九年六月於內政委員會通過修法前，為了這個案子，她就親自跑了立法院五十八次，遊說各黨派立委，支持《兩岸人民關係條例》的修法，以改善陸配飽受歧視的狀況。劉德勳也頻頻到立法院溝通修法。

當時，來自民進黨的阻力很大。向來精於選票計算的民進黨，認為陸配不會成為民進黨支持者，反對修法。有綠營立委在內政委員會上說陸配前婚生子女是「拖油瓶」，不同意讓陸配孩子來台和母親團聚；連民進黨內比較有人權理念的立委，也不願為保障陸配權益背書，因為「外籍配偶的國家並沒有拿飛彈對準台灣」，所以她認為改革陸配權益很有問題。不少綠營立委質疑，陸配滲透台灣社會並對台統戰她們的另一半。如果她們來台六年就有身分證，有投票權，就會影響選舉結果和政情，因此強烈抗拒。

在藍營，多數立委剛開始也沒有動力支持這項修法，有些立委甚至會以選區民眾反對為由而反對。只有國民黨立委徐中雄最支持陸配權益改革，主動積極的協助。徐中雄辦公室主任陳雪慧是南洋台灣姐妹會的秘書長，長期為外配和陸配的權益奔走，在立法院不遺餘力地協助推動陸配權益的改善。內政委員會召委吳育昇觀念進步，有正義感，很支持這項改革。經過不斷溝通和說明，最後多數藍營立委總算願意配合政策，不反對。賴幸媛清楚，在立法院勤於誠懇溝通、遊說有社會正當性的議案，是會有效的，最後居然連民進黨黨團總召柯建銘都被賴幸媛說服了。

> 在立法院勤於誠懇溝通、遊說有社會正當性的議案，是會有效的，連民進黨黨團總召柯建銘最後都被賴幸媛說服了。

立法院的溝通工作和成果，是行政機關整體戰力的呈現。賴幸媛說，陸委會聯絡處處長盧長水認真勤奮、身段柔軟、消息靈通，他帶領聯絡處同仁，積極緊密的掌握立法院的溝通狀況，稱職扮演情報提供與分析的角色，又能和許多立委辦公室建立了良好正向的關係，提供修法通過重要的助力。聯絡處在陸委會那幾年積極推動兩岸關係制度化協商，卯足全力，承擔了國會和社會溝通的重要工作，扮演了重要角色。

陸配權益改善，還有社會溝通需要進行。施威全剛好在二〇〇九年一月加入陸委會工作團隊，他在英國留學期間，曾長期做移民法律服務工作，義務幫助基本權益受到傷害、來自東亞、南亞的低階移民者，很重視弱勢權益，積極投入陸配權益的保障。施威全不但跟陸配人權團體、人權學者及陸配勤於聯繫，又跟立法院勤於溝通，腦筋靈活的他，很快就勾串起推動陸配權益改革的一張大網。善於宣導的施威全，經常協助製作活潑生動、溫情有社會感染力的宣導短片和廣播帶，在電影院、車站、機場和各電台播放，淺顯易懂的宣導作品，在許多基層據點廣泛發放，深入民間。聯絡處全力配合投入宣導，進行社會溝通。

二〇〇九年三月六日早上，新移民勞動權益促進會率領兩百多位陸配在立法院群賢樓陳情，爭取工作權的鬆綁和縮短身分證取得的年限。陳情結束後，她們移到對街陸委會座落的的中央聯合辦公大樓北棟一樓的大空間，賴幸媛邀請她們到公務機關「奉茶」交流，陸委會準備了便當中餐；賴幸媛手持「大聲公」，向在場兩百餘位陸配姐妹溫馨喊話，表達同理心，一一握手、擁抱，表達支持。完全不像衙門內的高層官員，倒更像是街頭抗爭的人權捍衛者，展現來自地方、關懷基層的主委風格。不少陸配眼眶泛紅說：「看到主委來，都想哭了！」也有陸配緊緊握著賴幸媛的手，細訴嫁來台灣後遭到的不公平待遇。賴幸媛向陸配承諾，陸委會一定會盡量改善她們遭受的境遇，但也坦率告知移民團體和陸配們，仍面臨到不小的改革阻力，讓她們能夠充分了解。

當時，陸配還有一個長期無法解決的棘手問題，就是陸配與「前婚姻的未成年子女」相隔台灣海峽，無法團聚的問題。來自貴州的大陸配偶劉茜，是位虔誠的基督教徒。嫁來台灣多年，礙於台灣法規不允許陸配的「前婚生子女」赴台依親，母子相隔兩岸多年無法團聚，吹奏了骨肉分離的悲歌。劉茜多年來到處奔走陳情，都沒有辦法找到出路。這樣的陸配故事在台灣基層社會，為數不少。

小明母親的陳情信

二〇〇九年二月九日，劉茜寫了一封長信給賴幸媛，文中傾訴：「……小孩如今變成無戶籍的孤兒，我眼睜睜看著小孩在受苦，一邊要我承受骨肉分離的痛苦，一邊又要我選擇得之不易的家庭，我進退兩難、無從選擇，望著高高在上的法律門檻，我舉目無親、求助無門，只有來求助於您這位父母官，懇求您特赦我的孩子，入台接受最基本的生活保障，賴主委，求您幫幫我，如果小孩在大陸有什麼三長兩短，我也活不成，我們一家人無以為報，來世只有做牛做馬報答您的大恩大德。」賴幸媛閱信不禁動容，驚嘆劉茜強韌的生命力，隨即回信給她。

劉茜在三月寫來第二封信：「……在走投無路的情況下，又在報紙上看到您向大陸配偶發布的新聞稿才認識您；想到天下慈母一條心才斗膽向您求救，想不到您會重視我的個案，讓我真正享受到民主國家人民的權利，得到重視……」

又如陸配鄭小文寫給陸委會的陳情書：「沒媽的孩子像根草，所受的委屈和不安可想而知，每一次與女兒短暫相聚又再分離的痛苦好比心頭一塊肉被割離般地滴血，當我一次又一次聽到她撕心裂肺的哭喊聲漸漸轉成絕望的啜泣聲，並哀淒無助地問：媽媽，到底我什麼時後才可以跟你住？」鄭小文說，女兒問她：「我可以當梳子嗎？讓媽媽放在行李箱帶回台灣？」

根據當時規定，陸配必須先在台灣居留八年且入籍五年後，才能把前婚生十二歲以下的子女從大陸接來台灣相聚，問題是「八加五」一定大於十二，這樣的規定等於故意完全阻絕陸配與親生子女在台團圓的機會，很不人道。這些陸配的「前婚生子女」，就是後來在新冠疫情期間，前陸委會主委陳明通所稱的「小明」。

我可以當梳子嗎？讓媽媽放在行李箱帶回台灣？

為了讓陸配能與在大陸的「小明」可以團聚，陸委會積極研究解套之法。因為修改母法完全緩不濟急，而且策略上也考慮到，會影響正在進行中阻力很大的工作權、身分證權等的修法進度，往往會治絲益棼。

在劉德勳積極協助引領下，吳美紅與法政處同仁研究如何從修改行政命令下手，他們一次次檢視分屬不同部會所管理的一部又一部的法令與行政規章，法政處終於找到了在不牴觸母法前提下的解套空間。他們在黑板上寫下了解答，像是「數學公式」，很有創意地將不同部會的不同行政命令規章銜接起來，對窒礙處進行修改，讓它變得可行。而這些行政命令大多不是由陸委會主管。但部會要修改行政命令，雖不必如修法般複雜冗長，還是需要立法院的授權，才名正言順。

在經過長時間與大多數藍綠立委及黨鞭以及他們的助理充分溝通和說明，並評估會得到相當支持後，陸委會判斷該項重大修法應有機會過關，於是，商請內政委員會召委吳育昇於二〇〇九年六月初，將《兩岸人民關係條例》的修法排入內政委員會議程；果真，陸委會的修法版本在內政委員會順利過關，全面放寬陸配工作權、縮短陸配取得身分證年限為六年，並取消財產繼承權的限制。民進黨中國事務小組不反對這項修法，立法院民進黨黨團決定放行不擋。經立法院三讀通過，總統於七月一日明令公布。

打鐵趁熱，六月九日下午，內政委員會針對「前婚姻子女來台與母親相聚」這個議題進行協商，陸委會請托召委吳育昇，透過議事的運作技巧，將此議題之協商放在最後面。由於前面其他案子多、會議冗長，立委們累了，都已經離席。立委席上只剩下陳雪慧「一婦當關」，以及官員席上十幾位陸委會同仁在場，陸委會提出的附帶決議就通過了：要求行政院「於本法通過後兩個月內，基於人道及兒童少年最佳利益考量，對大陸配偶前婚姻的未成年子女來台探親居留及定居問題，研議修改許可辦法」。其實，需要修改的行政命令，陸委會和內政部早已研議並準備好了，只等待立法院通過附帶決議。也就是，陸配的前婚生未成年子女可以用「探親」的名義來台，每次停留六個月，每次得申請延長六個月，中間不用出境。透過這個方法，放寬她們在大陸的未成年親生子女可以來台探親、居留及定居，且對於他們來台生活期間的就學及健保問題，將會同各主管機關進一步放寬相關權益。

從二〇〇八年六月改革號角響起，到二〇〇九年六月修法過關，陸委會花了一年就完成這麼重大法案的修改，堪稱迅速有效率。由於陸委會和移民署早就做好相關的行政準備工作，不到一個月的時間，在七月，台灣就敞開大門、張開雙臂，迎接陸配前婚生子女的「小明們」來到台灣和媽媽相聚。

也是在七月，鄭小文辦好了女兒來台探親的送件手續，並寫了一封長信給賴幸媛：

「……到現在我仍然覺得自己是在做夢，我真的可以和女兒長住一起，我女兒真的可以結束孤兒似的生活了，我以後不用再擔心她生病時是否有得到及時的照顧……總之，我的孩子終於有家了，這個家是主委您幫她建立起來的，是您讓她有機會從沒媽的孩子變成有媽的孩子。

上次我和劉茜在陸委會有機會與主委合拍相片，是我的榮幸，也是我的信心來源，每當我心灰意冷的時候，我就看這張相片，告訴自己一定要對主委有信心，因為我知道您這一年多為了爭取陸配的權益費了相當多的心力，這是我們所有陸配的福氣。」

劉茜回貴州辦文件接孩子，大陸的地方官員不相信，說這不是真的，但她告訴大陸地方官員，她見到了賴主委。台灣就馬總統最大，賴主委第二大。這事是賴主委幫忙的。大陸地方官員說，你被騙子騙了。

台灣就馬總統最大，
賴主委第二大。

二〇〇九年七月三十日，賴幸媛在陸委會的會客室接見了劉茜、鄭小文和她們剛來台灣團聚的孩子，彭小弟弟和小欣兒。當天媒體報導，當時十一歲的彭小弟弟一見到賴幸媛就噗地一聲跪在地上，彎下身子磕頭，感謝賴幸媛大力協助他突破法令的限制，來到台灣與母親團聚。動人畫面定格。賴幸媛連忙把他扶起來說：「不可以，不要這樣，這是我們該做的。」一淚流滿面的劉茜，接著也跪地感謝她們母子口中的大恩人賴幸媛。賴幸媛趕忙扶住勸阻。鄭小文拉著小欣兒的手說：「您是成全許多骨肉團圓的菩薩。」

一雙鞋墊，情誼無限

再過兩天，就是彭小弟弟的生日，賴幸媛和陸委會官員一起為彭小弟弟唱生日快樂歌，送彭小弟生日禮物「幾米的畫冊」，當中有一句話，「有陰影的地方，必定有光」，賴幸媛領著彭小弟弟和小欣兒一起唸，兩位小朋友都有感而發地說：「媽媽不在身邊，就是陰影。」賴幸媛告訴他們：「媽媽不放棄你們，就表示一定有光、有希望，人生旅途上不要放棄。」

那天，劉茜送給賴幸媛一雙來自貴州家鄉手工縫製的步鞋鞋墊，上面繡著「賴幸媛一生平安」。劉茜說：「這是貴州鄉下的習俗，衷心祝福恩人一輩子。」她說，這是她在貴州鄉下的親友聽到她述說故事，親自縫做的。在旁的陸委會官員聽了，無不動容。幾年後，賴幸媛轉任駐世界貿易組織大使，她將這雙鞋底帶到了日內瓦，掛放在大使辦公室。賴幸媛說，非常珍惜這雙鞋墊所代表的真摯情誼。

主委任內，賴幸媛常在不同地方或在路上被陸配認出。有次深夜去台北萬華南機場夜市吃飯，一位陸配對賴幸媛表達滿懷感激之意。賴幸媛在臉書上寫道：「我笑，是因為看到你們的笑臉。在你們臉上，我看見真摯無懼的幸福，在陽光下晢晢發亮，美得像珍珠一樣。」

為什麼陸配取得身分證的年限，是從八年縮短到六年，而未採用與外配一樣的四年？賴幸媛憶述，因為必須「務實」。由於當時改革阻力相當大，特別是針對身分證權，民進黨立委堅持無法接受四年，為了使得改革能順利，陸委會需要階段性地推進，無法一步到位。於是將原本計畫與外配一致的四年，調整成六年。但全面開放陸配工作權，爭取台灣眾多陸配家庭的生存權，這點是和外配一致的。當時陸委會也充分讓陸配及人權團體理解，只能採取階段性做法的這個現實，未來會繼續努力，並得到陸配們的理解。「談判是 Give and Take，有捨也有得。」賴幸媛說，推動政策跟談判很像，重大政策之改革，也常需有所取捨，要能抓到關鍵要害。

據陸委員人員透露，陸配改革方案修法通過、公布時，陸委會兩天內接到四百多通反對電話，民眾抗議說：「台灣人都沒有工作了，你們還讓大陸人來搶我們的飯碗。」可見社會壓力非常之大，但陸委會還是挺住了。賴幸媛說：「政治人物有責任引領民眾。」

修法三年後的二〇一二年夏天，陸委會和內政部積極努力想進一步推動修法，提案推動將陸配身分證取得年限調整成四年，和外配權益一致。時任移民署署長的謝立功也很重視外配和陸配的權益，移民署常在全台各地舉辦陸配、外配的熱鬧溫馨活動，以提升民眾對陸配、外配權益的認知，促進社會融合。謝立功憶述，「移民署在行政措施的執行上，都儘量把陸配和外配權益改成一致，在實務上，移民署公權力各個窗口會給予更多的方便和人性的尊重。但是涉及陸配的身分證年限調整，就必須修法。」幾個月後，賴幸媛離開了陸委會。謝立功感嘆：「可惜後來修法就無疾而終。民進黨認為陸配的選票不會投給綠營，一直有所抵制。」

引領陸方重視兩岸婚姻

有意義且有趣的是，賴幸媛排除萬難逐步推動陸配權益改革，也引領了大陸官方對陸配群體的重視，那幾年正面影響到了對岸的國台辦。國台辦促成了中國大陸民政部在二〇一二年六月成立「海峽兩岸婚姻家庭服務中心」，是大陸第一家專門服務於兩岸婚姻家庭的機構。二〇一二年八月，王毅公開呼籲重視陸配合理的訴求，國台辦也透過國台辦陸委會管道表達關注和合作之意。賴幸媛說，這就是善的循環、好的影響，是兩岸良性互動下的正向發展。當時，陸委會就對外表達：「期待台灣社會對移民人權的關注與努力，能促成兩岸公民社會的相互提升。」

然而，二〇一六年政黨輪替後，兩岸關係卻迎來急速冰凍，制度化協商中斷，兩岸交流急劇下降，兩岸婚姻也反映了這個趨勢。內政部的兩岸婚姻數字變化呈現宛如溜滑梯，從二〇〇三年每年達三萬多對的高峰，到二〇二〇年，一年僅剩一千多對，減少近九五%。

兩岸婚姻大幅減少的原因，和兩岸交流大幅限縮之社會氛圍也有關。二〇一九年八月，北京宣布「暫停陸客來台自由行」；中國大陸教育部也在二〇二一年四月宣布「暫停陸生新生來台就學」，至今未恢復，導致在台陸生人數逐年減少，影響兩岸青年學生的雙向交流。以陸配的前婚姻子女，陳明通口中的「小明們」為例，原本可以探親方式來台與家人團聚，如同二〇〇九年的彭小弟和小欣兒一樣，當二〇二〇年新冠疫情爆發，地域和染疫成了新的歧視，「小明」們被蔡政府擋在外頭，回不來台灣和母親相聚，蔡政府對「小明」拒於國門之外，態度極不友善。

兩岸婚姻和陸配會不會成為「歷史名詞」？賴幸媛認為「當然不會」，現階段台灣社會還有三十六萬陸配家庭，有六十多萬陸配子女，他們是新台灣之子。兩岸的社會經濟關聯性，千絲萬縷，即使政府之間不相往來，民間交流仍會自然持續。

中華兩岸婚姻協調促進會長鍾錦明也認為「不會」，他表示，「近年來大陸配偶每年的婚姻數確實明顯減少，而且被越南配偶所超越，但還是有台商、台幹、台青，只要兩岸之間還有交流，就還會有兩岸通婚。」

當二〇一二年十月賴幸媛卸下陸委會主委前，許多陸配姐妹和人權工作者在九月二十七日到陸委會歡送話別。她們眼中滿是激動的淚水，說不盡的感謝，幾乎異口同聲說：「賴主委來了以後，在二〇〇九年政策調整、修法以後，我們的人生變得光明，生活中笑的時候變多了，即使是流淚，也是開心地流淚。」當天，陸配送給賴幸媛三年多前在聯合辦公大樓與兩百多位陸配握手擁抱、一起吃便當的照片，她們剪輯了兩天才完成。鍾錦明說：「謝謝主委為了推動改革，跑了五十八趟立法院。最重要的是工作權，只要是真實婚姻、合法入境，就有權工作，讓陸配覺得自己是個完整的人。」劉茜說：「現在我的孩子長高了，在我身邊，過著很幸福的生活。」鄭小文說：「因為有你，我們才能夠幸福。」

賴幸媛關切的不只是陸配個人權益的保障，也是台灣更長遠的「族群和諧」。

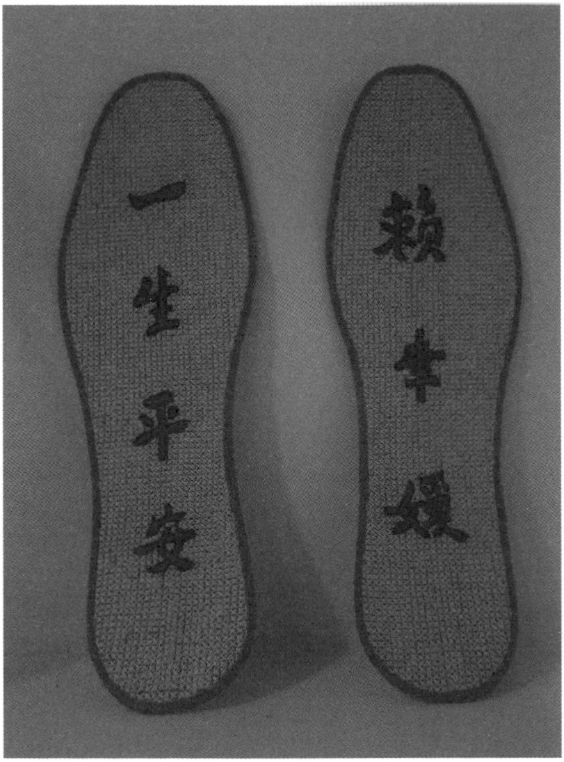

陸配劉茜送給賴幸媛一雙貴州家鄉手繡的鞋墊，表達誠懇祝福的真摯情誼。

第六章

ECFA

在 ECFA 條文中安裝「考量雙方的經濟條件」這句話，是賴幸媛反覆推敲，並和陸委會經濟處同仁千錘百鍊出的文字。這得到高層的堅定支持，「若不放進這九個字，寧可破局」。高層還三番兩次強調：「一個字都不能少，一個字都不能改。」要讓對方知道「不放，寧可破局」。

「必要時，拔掉方向盤，展現我方不惜破局的決心和姿態。」賴幸媛授權陸委會領軍的前方談判官員，現場判斷。

二〇一〇年五月，眼看預定的第五次江陳會談時間接近了，兩岸進入比先前更加痛苦的ECFA談判階段，雙方官員承受的壓力都非常巨大。早收清單，我方經濟部門提出去的，對方業務部門鐵板一塊。最關鍵的協議文本，由陸委會、國台辦主談，我方堅持的，對方堅拒；對方要的，我方不肯。陸委會處長官員們率領的我方包括經濟部官員的談判團隊，和國台辦局長們率領的對方談判團隊，在北京進行業務溝通。雙方溝通僵持很久，氣氛很糟，語言衝突，兩車就要迎面對撞。對方還小小耍了一些現場不客氣的手段，我方陸委會戰將更不是省油的燈，清楚對方的談判心機和戰術。

通常，談判進行到後面階段，會越來越困難，雙方要比意志力、耐力和判斷力，能撐到最後關頭，是關鍵。陸委會領銜主談官員當場判斷，決定「撤」！馬上訂了返台機位，收拾行李準備率團前往北京首都機場。這是個「拔掉方向盤」的動作，代表我方可以破局的動作。不言自明。

隨時「拔掉方向盤」

在兩車迎面對撞的「膽小鬼賽局」（chicken game）中，拔掉方向盤的動作要具有可信度，破局的邊緣策略（brinkmanship）才會奏效。因為倘若這一次的重要溝通談判破局，預估快要進入倒數時刻的第五次江陳會談勢必需要延後，屆時兩岸關係生變的說法必定是頭條！會充滿媒體！因為時序已經走到了兩岸會真的洽簽ＥＣＦＡ的總體社會氛圍上，ＥＣＦＡ這個兩岸當時最具指標性的協議，被兩邊社會高度重視，是兩岸雙方領導人都極為關注與重視的協議。不只對台灣經濟重要，對大陸經濟重要，對建立兩岸經貿制度性合作機制非常重要，也是中共領導人胡錦濤重要的對台工作成績及歷史遺產，而胡的第二任期將在二〇一二年底結束，開始進入倒數時刻。若ＥＣＦＡ破局，實在太嚴重、太沉重了！

陸委會官員當然清楚，海協會人員馬上會掌握到訂機位的訊息，就會立即通知該被通知到的長官們。那些年，兩岸協商官員辛勤地往返兩邊，進行各種重要談判和溝通，常常因為實際協商時間會超過預期，所以通常機位會保持 open 的狀態。

我方談判官員正在收拾行李之際，突然接到對方談判官員來電，表達非常希望再上談判桌；對方沒料到我方談判官員敢於破局，以為壓下我方氣勢，會讓他們的談判站在上風。我方同意回到談判桌，雙方旋即進入這場重要協商的延長賽。陸委會主談官員私下據理小小說了對方一頓，對方道歉，鄭立中為此事還託人誠懇致歉，也在隔天的管道中跟劉德勳說明，善意十足。我方清楚，對方怕破局。

「談判不可能順風順水，有時不得不有破局的準備和決心，才有可能促成雙方最後達成共識，和爭取我方最大可能的正向結果。」賴幸媛長期對運用談判的邊緣策略相當熟悉，那幾年陸委會談判戰將們也會純熟地適時適地使用。不過，賴幸媛說，運用破局的邊緣策略是有前提的，需要有最高層的默契，不能濫用。在ECFA談判過程中，最高層有時會對賴幸媛說「不惜破局，我是講真的」。

ECFA的催生背景

馬英九二〇〇八年上任總統時，面臨東亞與東南亞各國經貿整合腳步非常快速的急迫狀況。東協加中國（ASEAN加一）在二〇〇二年簽署的CECA（東協—中國全面經濟合作架構協議），從二〇一〇年一月一日起，十一個國家迅速形成一個自由貿易市場，他們彼此之間九成以上的貨品貿易不用課關稅；韓國和日本當時也積極和中國在洽談自由貿易協定（FTA），東協加上日本、韓國、中國（ASEAN加三）等十三個國家在二〇一五年將形成一個更大的自由貿易市場，ASEAN加三的經貿協定區域內相互間大部分產品的關稅稅率都會降到零；而韓國又是台灣的主要貿易對手，當時韓國和台灣出口到大陸的產品相似度重疊性高達八成；當時台灣出口到大陸和東協十國佔台灣總出口的五五％。因此，相關研究指出，東亞和東南亞快速形成的區域經濟整合將會對台灣的出口經濟造成嚴重衝擊，舉例來說，當時台灣出口到中國大陸的產品，在關稅方面，台灣石化業要多繳七％的關稅，機械業要多繳一〇％，汽車零組件產業要多繳二五％。現實是，從一九六〇年代起，數十年來台灣的經濟成長動能主要來自於出口，到了二〇〇八年，台灣出口佔GDP的七成以上。事實上，在二〇〇二年陳水扁執政時代，大陸就已經成為台灣最大的出口市場，超過了美國市場，佔台灣總出口的四〇％。

當面對全球範圍和區域間都紛紛在簽訂雙邊或多邊的FTA，到了二〇〇八年，國際間洽簽的FTA已達兩百三十個。台灣的產業界有急迫感，認為台灣產品有被世界市場和大陸市場邊緣化的危機，出口競爭力會大幅下降。因此，馬政府評估和中國大陸簽訂「兩岸經濟協定」，以降低或減免產品到大陸被課徵進口關稅，有其必要性和急迫性，否則將導至台灣出口嚴重衰退，因為大陸是台灣最大出口市場，進而會造成企業進一步的出走潮，和可觀的失業人口。

約在二〇〇〇年前後，全球開始逐漸興起簽署雙邊ＦＴＡ的熱潮，面對此一現象，陳水扁執政時期就想過要推動和其他國家洽談ＦＴＡ。二〇〇〇年，剛好賴幸媛受聘到國安會擔任諮詢委員，依國安會法定職權，諮詢委員直屬的老闆就是總統。賴幸媛剛到國安會，即積極建議總統陳水扁，台灣應該先找新加坡試探洽簽ＦＴＡ的可能，因為新加坡以服務業取勝，台灣以製造業見長，台星之間的貿易關係不形成激烈競爭，新加坡沒有農業，對台灣需要保護的農業產業不會造成傷害，因此雙方簽ＦＴＡ的互補性強。如果第一個例子成功，未來和其他國家洽談的可能性會提高。但是要推動該案必須高度機密，消息不能外洩，否則會遭對岸打壓。

陳水扁同意並支持此案。這個機密案子必須鴨子划水進行，於是交到經濟部默默進行，新加坡方面表達高度興趣，雙方開始接觸機密商談。在二〇〇〇年當時，台灣和中國都還不是ＷＴＯ的會員。可惜到了二〇〇一年下半年，陳水扁忍不住向外界高調地說了這件事，把還沒有到手的政績提前公布，整個案子的進行於是被迫中斷，受到中國關切後，新加坡停住了。

二〇〇一年上半年，紐西蘭駐台代表也曾來投石問路，向賴幸媛提及紐西蘭想和台灣洽談FTA的高度興趣，希望有機會能進行，紐西蘭一直是亞太地區積極推動FTA的先驅者。然而，因為中國把台灣洽簽FTA當成是外交事務，會向其他國家進行干預，所有非邦交國均顧慮中國的立場，而不願和台灣洽談，即使如美國、日本，都是應付式隨便說說而已。陳水扁執政時期，只跟中美洲幾個邦交國簽署了FTA，在非邦交國方面，都沒有成功。

賴幸媛說：「形勢比人強，總要先從源頭解決問題。」兩岸關係從二〇〇八年馬英九上任總統後，開始改善。陸委會評估簽署「ECFA」除了會有助於建立兩岸經貿制度性的合作外，也會有助於那些想和台灣洽簽FTA的國家，減少他們的外交政治顧忌。因為如果連兩岸都成功簽署ECFA了，其他已經和大陸簽署了FTA，又和台灣經貿關係密切的鄰近國家，例如新加坡或紐西蘭，就有強烈的理由敢和台灣洽談FTA。所以，我方在二〇一〇年進行的策略是，與大陸洽簽ECFA的同時，經濟部門就應該儘早開始準備與其他鄰近國家，如與新加坡或紐西蘭洽談FTA，採取同步雙軌進行，因為經貿談判本身要花很長的時間準備。

陸委會定位ECFA是推動台灣經濟國際化的「敲門磚」。從二〇〇九年到二〇一〇年，這個敲門磚不只是我方高層和政府內部的共識，在對外宣導上也不斷重申這個要點，想讓民眾能夠理解。果然，ECFA於二〇一〇年六月底簽署後，台灣和紐西蘭在二〇一三年七月簽署台紐經濟合作協定（ANZTEC），是台灣和第一個非邦交國簽訂的FTA。台灣和新加坡在二〇一三年十一月簽署台星經濟夥伴協定（ASTEP），是第一個和我國簽署FTA的東南亞國家。

ECFA是推動台灣經濟國際化的「敲門磚」。

醞釀與起跑

ECFA是我方在二〇〇九年初主動提出的兩岸經濟協商議題。為了有序推動兩岸制度化協商，陸委會奉示在二〇〇八年六月就召集協調相關機關，討論研擬未來四年總體的兩岸協商議題之規劃、清單和優先順序。有關經貿協商的部分，整體策略有三點：一、要本於「以台灣為主，對人民有利」的原則規劃，目的是建立兩岸制度性的經濟合作機制；二、強化台灣經濟與國際接軌為主軸，避免台灣經濟向大陸經濟過度傾斜；

三、應循序漸進，並確切掌握對國內政、經、社會各層面的影響。「兩岸經濟合作協定」就是當時「未來協商議題」的清單之一。

值得一提的是，從二〇〇八年到二〇一五年簽署生效的二十一項兩岸協議，絕大多數議題早在二〇〇八年就已在我方的協商議題規劃清單中。那幾年，陸委會每年都會數度定期邀集相關部會討論、並擬定協商議題，依問題的急迫性、與民眾的需要度為優先順序，在兩岸小組得到我方高層同意後，再提到兩岸的制度化協商機制，說服對方，取得共識後，逐步推動。我方這個程序相當嚴謹、有效，心中也有數。

也有臨時加入的協商議題，例如《食品安全協議》。二〇〇八年九月，在中國大陸幾個地方已經發生毒奶粉事件，迅速在大陸各地蔓延開來，釀成非常嚴重的全國食安風暴，沒人敢買奶粉，嬰兒沒有奶粉喝，這起毒奶粉食安事件甚至殃及到香港、海外，也快速波及到台灣。台灣在民進黨政府二〇〇〇年至二〇〇八年執政時期，即開放眾多大陸加工食品、農產品項目進口到台灣，包括大陸奶粉。有開放但沒把關，例如大舉開放其他大陸傳產貨品如毛巾、寢具及各種紡織品等到台灣一樣，讓許多劣質品混入到台灣市場，亦即被當時民間社會及在野黨喧騰批判很多年的大陸「黑心產品」。當時政府對於應該把關的措施，睜一隻眼、閉一隻眼。

台灣民眾、消費者對這起毒奶粉事件非常恐懼，衛生署立即停止進口大陸奶粉，消費者並要求大陸奶粉公司要賠償。陸委會回應民意，順勢強力主張、堅持必須將食品安全議題放入年底的第二次江陳會談議程中來協商，由協議來加以規範。除了已設定要談的三通（空運、海運、郵政）議題外，必須新增這一項急迫的民生議題。這是一個需要向對岸耐心說服的工程，最後得到共識，成為兩岸協商議題。我方由陸委會主導，由副主委劉德勳帶領法政處，協助衛生署草擬內容，並與對岸談判，最後在十一月上旬的第二次江陳會談簽署了《兩岸食品安全協議》，兩岸設立了食品安全訊息通報的機制。對於影響民眾健康的重大食安訊息和食安突發事件，必須即時通報並提供完整訊息；也設立了食品安全協處機制，包括當在發生食安糾紛時，必須妥善處理、積極協助確保受害人權益等。協議簽署後，我方衛生署和對方衛生部就建立了官方聯繫窗口，逐漸有系統地處理兩岸衛生食安事宜。兩岸制度性的合作，指的是官方之間的合作機制，處理解決兩岸因各種交流而衍生出來的問題，受惠的就是民眾，負責任的政府本來就應該這樣做。

賴幸媛指出，有談判專家慣常用想當然爾地方式批評馬政府時期的談判團隊，在兩岸談判上無法 **Agenda Setting**，亦即完全沒有議題議程設定的能力，任由對岸引領，因此，依照談判學理論，在談判桌上一開始就輸了大半，因為是對方要的。

賴幸媛說，這樣的批評不是實情，嚴重偏見，他們想像在談判上「中共一定很強，台灣一定很弱」。實情卻是，那些年兩岸協商的議題和議程設定，是由我方主導。例如：陸方曾經主推文化議題，欲將其做成協商議題，並簽署兩岸文化協議，但為我方所不同意，因為文化交流應由民間自主發生。我方的談判弱點是出在特定部會的「談判紀律」不佳，如在ECFA協商時曾頻繁出現，而非協商議題之設定能力。

二〇〇九年一月初，陸委會首次在兩岸小組提報洽簽「兩岸經貿關係協定」的相關分析，二月初經濟部也在行政院提出了相關報告。兩個部會當時對兩岸經濟協議內容和推動方式有較大的基本歧見。一開始經濟部主張應該仿效CECA模式。CECA是一個架構協議，也有早收清單，CECA的中文名稱為「東協—中國全面經濟合作架構協議」，但雖有「架構」之名，其內容卻很全面性和綜合性。因此「架構」兩個字常被各界省略掉，被各界認為是一個「全面綜合性的經濟協定」，也就是FTA。因為CECA訂定了全面貿易自由化的期程，即九〇%以上產品關稅降到零的明確期程，並且CECA的實質內涵就是WTO＋或FTA＋。因此是一個貿易自由化程度極高的區域經濟協定。經濟部當時並提出，未來兩岸經貿協定的協商模式、協商架構應仿效台灣在一九九〇年代為了加入WTO所採取的對外談判做法，即由經濟部全權主導、負責推動。這方式得到時任海基會董事長江丙坤的大力支持。

但是陸委會的看法不同。

陸委會依「兩岸人民關係條例」是中華民國政府統籌處理兩岸事務的專責專業機關，而兩岸事務又是總統職權，兩岸關係既特殊又非常複雜，不管是經濟性或非經濟性的事務，陸委會的角色和職權當然是絕對關鍵，更是總統最重要的兩岸幕僚，因此由經濟部主導是不切實際。

經濟部打算採取急進的CECA—FTA方案，陸委會在政府內部會議不斷強調，因為兩岸關係非常特殊與複雜，兩岸經濟量體懸殊太大，兩岸經濟協定不能一步到位，必須採取循序漸進的，以及實在的步驟和做法，有急迫性的、人民要的，而且雙方有達成共識的先做。這是為了穩健推動兩岸關係，否則一定撞牆，失敗收場，陸委會評估失敗將造成的政治衝擊和政治後果難以想像，對台灣民眾實質利益也會造成重大損害。

兩岸經濟協定不能一步到位，必須採取循序漸進、實在的步驟和做法，有急迫性的、人民要的，而且雙方有達成共識的先做。

陸委會和經濟部雖然共同認為應該推動簽署的是「架構性協議」，也主張應該優先協商「早期收穫計畫」，但是陸委會強烈主張兩岸經貿協定不能是WTO+或FTA+，也不能訂定貿易自由化期程，不應該如同CECA，即實質上最終是一種全面性和綜合性的協議。陸委會認為循序漸進的意思就是審時度勢、將有益的、能落實的就先落實，逐步 building block（堆積木），需要的是時間和耐心，協議有了好成果，民眾就自然會支持，更何況任何政策的研擬都必須務實的抓住「以台灣為主、對人民有利」的政策綱領。陸委會認為「架構協議」就是針對未來要推動的事務界定一個清楚範圍，並不是兩岸之間最終的全面性、綜合性的經濟協定。

「ㄟ擱發」

在二月初，當政府內部都還在討論階段，高層還未形成定案時，推動CECA的粗糙說法卻已被刻意洩漏，見諸各媒體，立即引起各方大肆抨擊，社會批判者直接跳躍成，馬英九要去建立兩岸「全面性」的經濟合作關係、兩岸已經達成建立FTA的共識、也有全面貿易自由化的時間表了。抨擊者批判馬政府接下去就是要去建立「兩岸共同市場」和「一中市場」，甚至信誓旦旦連「統一時間表」都出來了。社會撻伐聲浪隨即鋪天蓋地，特別是來自反對黨漫天的污名抹紅和扣帽戰術。他們將馬英九的競選政見：推動兩岸「綜合性經濟合作協議」，自動升級到已經要去建立兩岸全面性的經濟合作關係，和兩岸全面性的自由化貿易，這種說法還算是文明的扭曲；更多的是啼笑皆非的控訴：比如要去簽「C咖」（CECA諧音，指三流角色）、要去替中共「洗腳」（CECA台語音）、「一中C咖，主權喪失」，民進黨又說：「C咖是推倒台灣的第一張骨牌，統一的前奏曲。」天天喧囂，民意沸騰。

民進黨向來擅長使用煽情、簡化、排他的政治語言，善用「標籤政治」窮追猛打與兩岸有關的議題。站在反對黨的位置上，的確可以很有效的散播謠言和製造社會恐慌氛圍，這對壯大民進黨很有幫助，但對於傳統政府公務體系的公務人員而言，要因應這種政治語言攻擊及其散播力道，幾乎束手無策。

就在二月，陸委會在兩岸小組成功說服了高層，正式決意未來要去推動洽簽的兩岸經濟協定不是「東協加一」的全面性、綜合性的模式，不是「大而全面開放的貿易自由化協定」，而是一個有早收清單的架構性協議。這是高層的方向性裁示，至於內容要涵蓋什麼，我方必須進一步研擬，也必須和大陸談判。兩岸小組也拍板了協議名稱，我方暫定為「兩岸經濟合作架構協議」（簡稱ＥＣＦＡ，Economic Cooperation Framework Agreement）。命名時，兩岸小組還特別謹慎，避免落入那一陣子被外界譏諷為Ｃ咖、洗腳，或是一國兩制的ＣＥＰＡ（中國—香港緊密經濟夥伴關係協定）。大家現場笑說：「ＥＣＦＡ」還有一個台語的諧音「ㄟ擱發」，比較容易用台語傳播。

政府內部有了初步整合後，針對社會巨大批判和各種疑慮攻擊，賴幸媛先出手，於二月十九日在《聯合報》為文定調〈兩岸經濟協議不是萬靈丹〉，首先對外定位未來的兩岸經濟協議絕對「不是大而全面的貿易自由化協定」，定調台灣不可能向中國大陸全面開放，未來兩岸經濟協定的協商，不會讓傳統弱勢產業受到衝擊、特別是在中南部的弱勢傳統產業，不會讓中小企業受傷，不會擴大開放大陸農產品到台灣，不會開放大陸勞工到台灣。「不、不、不」必須先講在前頭，讓國內各方和對岸都看到。這個定調馬上被媒體廣為引述。

接著，馬英九在二〇〇九年二月二十七日的媒體專訪中，第一次公開指出，未來要去推動的兩岸經濟協議叫作「兩岸經濟合作架構協議」，它的英文簡稱是「ＥＣＦＡ」，馬英九公開定調，我方未來要推動的經濟協商是「架構性協議＋早收清單」，不是「全面自由化的貿易協定」。之後接續，行政院院長劉兆玄於三月十一日在立法院公開宣示，ＥＣＦＡ的施行，「絕對不能矮化我國主權、不會再開放大陸農產品來台、不會讓大陸勞工進來」的三不原則。

> ＥＣＦＡ的三不原則：絕對不能矮化我國主權、不會再開放大陸農產品來台、不會讓大陸勞工進來。

民進黨隨即反制，立即製作反「ＥＣＦＡ」口語版宣傳手冊：「反一中、反黑箱、反失業」，第一條就是「反一中」，把經貿協議的層次，拉高到最能民眾動員的主權議題上。未來的「ＥＣＦＡ」八字都還沒有一撇，但民進黨主席蔡英文批評ＥＣＦＡ是「糖衣毒藥」，是「喪權辱國的不對稱條約」，前主席謝長廷說簽了ＥＣＦＡ「查甫找嘸工，查某找嘸尪，囝仔要去黑龍江」，台語押韻又好記，民眾一聽就懂，很有渲染效果。

中共官方對於我方宣布推動ＥＣＦＡ持正面態度，一定程度上相互呼應。三月，中共總理溫家寶在施政報告表示「推動簽訂綜合性經濟合作協議，逐步建立具有兩岸特色的經濟合作機制」，也提出：「兩岸經濟合作協議要有三個適應，包括：適應兩岸關係發展情況、適應兩岸經貿交流的需求，及適應兩岸經濟貿易的特點」；國台辦主任王毅和商務部部長陳德銘等也相繼正面呼應。但在技術層面如何去推動，大陸官方一直保持低調、不表態。二〇〇九年有很長一段時間並不積極，陸方仍在觀望，他們也需要做研究。事實上，台灣和大陸都必須進行ECFA的內部研究，所有國際上洽簽區域或雙邊經貿協定進入談判前，所有政府都會請他們的研究單位先行評估。

在二〇〇九年夏天和秋天，經濟部委託的中華經濟研究院，用全球貿易分析模型（GTAP）評估ECFA對台灣的經濟影響，得出的結論是將促使台灣的GDP增長一・六五％至一・七二％；中國大陸商務部委託的商務部研究院、對外經貿大學等幾個研究單位，則是利用可計算一般均衡模型（CGE）分析ECFA對大陸方面的經濟影響評估，算出的結果是將增加中國大陸GDP的〇・三六％至〇・四％，雙方研究單位的初步結論，均有正面效益。

但是，賴幸媛認為，經濟模型估算出來的只是研究單位初步的參考值，雙方經濟部門更需要做實際的、深入的、個別的產業調查研究（調研），才能較準確判斷該項經濟協定會帶來的正、負影響程度，進而為個別產業項目找到有說服力的談判策略。賴幸媛說，數十年來中共在推出政府重大政策前，各部會對實際調研的工作要求高，一定要做。或對個別產業、或個別議題，或到工廠、或下鄉，或到各基層，累積的調研方法和經驗非常豐富，相當務實，其調研的結果成為中共政府推行對內政策或對外談判的基礎，功夫扎實。因為很有根據，因此對產業的實際掌握程度高，有利於其長年來對外各種談判的廝殺喊價，或幫助設定並守住底線，對外會有說服力。

但實際調研並非台灣政府的強項，賴幸媛認為，這項工作長期不受經濟部門重視，甚至根本刻意忽略，例如一九九〇年代台灣為加入ＷＴＯ所做的對外關稅減讓和減少非關稅障礙的雙邊及多邊談判，將近八年的過程，相關的經濟部門頂多找些產業公協會閉門開會討論，就算是做了研究、可以交差了，並沒有做實際的產業調研，所以當時被批評為「黑箱作業」。

賴幸媛說，我國農業部門是例外，有實際調研，農業官員長期對實質基層的農業產業狀況以及農民問題的掌握度很高，會站在保護農業和農民的堅定立場，農業是涉及國家安全、社會安全、糧食安全、環境保護、廣大農村生計的重要產業，不能僅以農業產值看待其重要性與否；但在以出口為導向的台灣經濟，在政府部會中，農業部門是弱勢部會，在對外談判上常被經濟部的意見凌駕。我方經貿官員在前線經貿談判，因為缺少調研的實質根據，因此缺乏實際說服力，往往任由對手宰殺，甚至有時候「要五毛還給一塊」。在二〇〇一年執行我國入會政治談判時，有友好的美國經貿官員私下對賴幸媛好意說：「Taiwan never said no to the US, it's very unhealthy.」了解WTO談判內情的賴幸媛對此深感慨嘆。

由於ECFA涵蓋問題複雜，牽涉協商的部門眾多，又有許多需要廣泛溝通的技術性事項，更必須考量台灣內部政治社會形勢在ECFA議題上的發酵與發展。賴幸媛認為，我方政府除了積極研議協商的內容、準備談判外，也必須做綿密的社會溝通與國會溝通，必須凝聚社會共識，取得社會支持，否則ECFA的社會反挫力將會推倒政府，重創兩岸關係。台灣已經政黨輪替了幾次，當時台灣輿情與國會對政策透明度的要求很高，已不再像一九九〇年代那樣可以任憑政府完全不受監督、黑箱作業的方式進行對外談判。因此，如何負責任地面對社會和國會的要求與關切，進行有效溝通，是我方重大的、必要的功課。但任何仍在進行過程中的對外談判，都有相定程度必須做到保密的要求，國際皆然，沒有例外。如何平衡妥善處理兩者，得到「較適」狀況，以利成功推動ECFA，是我方政府龐大的壓力。但中共政府沒有這種負擔，可以以逸待勞。

ECFA談判必須凝聚社會共識，取得社會支持，否則社會的反挫力將會推倒政府，重創兩岸關係。

在二〇〇九年下半年，雙方官員有幾次ＥＣＦＡ的非正式意見交換或非正式協商，主要是試探對方的想法。但雙方並沒有啟動正式回合的談判，協議文本內容是什麼？早收清單長得什麼樣子？雙方都還沒有向對方提出方案；但方向是出來了，就是積極推動。於是在二〇〇九年十二月下旬的第四次江陳會談上達成共識，雙方確認推動ＥＣＦＡ正式協商，並宣布放入第五次江陳會談的議程。

自由化不能訂期程

讓賴幸媛非常難過的是，因為莫拉克颱風造成九月份內閣局部改組，遺憾地，陸委會也受到波及。時任副主委的傅棟成對兩岸經貿擘劃之專業與經驗很強，能審時度勢，又能客觀分析我方關鍵弱點而促成改善，總會站在國家最高層的角度充分設想並提出解套方案，做事磊落為國的他，卻必須在此時離開陸委會。兩岸就要進入ＥＣＦＡ協商的關鍵時刻了，整體政府團隊卻折損一名兩岸經濟專家和談判幕僚高手，非常不利。賴幸媛不禁擔心，未來ＥＣＦＡ協商之路會更增添我方險境，卻無能改變，感到相當挫折。當時陸委會不只要面對對岸嚴峻的挑戰，同時要因應太多國內的政治衝擊。

到了二〇〇九年冬天，經過一次又一次討論，我方內部的立場和看法越來越明確和凝聚，兩岸小組高層院長、副總統和總統的共同意見，以及最高層給相關部會的裁示很清楚：

一、ECFA不是FTA，不能抄東協。不要CECA，要ECFA。

二、兩岸經濟量體懸殊太大，不能依照WTO的條件開放給大陸，否則就會造成雙方實質的不對等。

三、早收清單項目不要太多，保握迫切性、需要性和必要性三原則，如石化、機械、紡織、汽車零組件等。早收清單不能弄到會引起風暴的規模，因為你取他也要，要細吞慢嚼，才能行穩致遠。必須先顧台灣人民的利益，不要走得太快。

四、先評估對方可能會要求我方給的早收清單項目，若會造成衝擊，必須有配套，經濟部門必須要和業者及產業公會先溝通，深入了解狀況。

五、不擴大開放八百三十多項的農產品，不擴大開放弱勢傳統產業的項目，不開放大陸勞工到台灣，要死守不能放。已經對外承諾的事項不能跳票，否則失信於民，會引發政治風暴。

六、正常化議題無法在ECFA處理，對方要求我方要正常化，是要我方解除對大陸產品進口的所有限制，不可能。

七、自由化不能有期程。

八、兩岸是特殊狀態，兩岸談判不能違反台灣民心，國內政情複雜，政黨之間不同立場永遠要列入考慮。

九、各部會要特別重視國會監督，要爭取社會大眾更大的支持度，必須持續努力進行有效的國會溝通和社會溝通，讓民眾理解政府是負責任的在推動ＥＣＦＡ。

但是，高層指示雖然清楚，能不能在政府內部落實，是另外一回事。需要奮鬥。

籌備與布局

在二〇一〇年一月中，看到不斷浮現出的危機與問題，陸委會進一步提出重要的政府國會密集溝通計畫，以及如何與廣大社會溝通的計畫，並針對已經開始呈現的我方內部不當的談判紀律問題，提出處理方案，以面對和因應即將正式開展的ＥＣＦＡ艱困之談判。相關方案得到高層院長、副總統和總統大力支持，認為規劃完整完善，所有與會者皆同意方案的建議。當然重點還在於能否執行與落實。

在與國會溝通方面，陸委會所規劃與國會密集溝通ECFA的計畫，相當綿密周延。ECFA能否在立法院審議通過，最為關鍵。ECFA正式啟動協商後，行政部門必須接受國會高密度的監督，誠懇殷勤的溝通只是基本要件，在談判不同階段中，更必須尊重與回應立法院對談判透明化的要求。因此政府的ECFA國會溝通計畫有閉門和公開的兩種設計。行政團隊必須要有能力掌握溝通的分寸、技巧與內容，態度也非常重要。可以適時公開和需要高度保密的項目，官員必須全盤掌握，才能因應複雜的局面。

事實上，當兩岸走到二〇〇九年四月的第三次江陳會談時，陸委會從前面兩次會談的經驗總結，必須更加強化與國會溝通，因此在二〇〇九年初，就規劃了完整和細緻地與國會溝通兩岸談判的事前、事後程序，得到高層支持後，陸委會和各相關部會在每次江陳會談前幾個月就逐步據以執行，從第三次和第四次江陳會談與國會溝通的成效看來，這一套程序可行、有效。但ECFA的國會溝通當然要求更高，雖然那一屆執政黨的立委有超過四分之三強的絕大多數，但意外地，當時大多數的行政部會並沒有太感受到來自執政黨立委的有力相挺，有些閣員私下還會苦笑說自己是「少數黨的閣員」。

在ECFA第一次正式協商於一月下旬正式啟動前，由陸委會主委偕同經濟部部長和相關機關首長，帶著這個國會溝通方案，閉門先向立法院院長王金平報告未來半年的閉門與公開的溝通計畫，展現十足誠意，由於高度重視國會的監督職責，得到王金平全力支持。這項規劃依預估的磋商進度包括業務溝通和正式談判的推進，安排行政部門到國會報告，次數非常密集。有了立院龍頭的支持，接下來要進行安排的國會溝通就順暢很多。

在二月到六月期間，有四次正式的閉門會議，由王金平親自主持，並邀集朝野黨團黨鞭出席與會，由陸委會主委、經濟部部長和其他相關部會首長親自報告，這個閉門會議有一定的溝通效果，因為看在當時王金平的人緣與面子上，在野黨黨鞭也會出席。首長們有出面溝通，至少是誠懇的尊重，不僅態度做足，在閉門會議中也會有較完整的時間可以不受打斷，對協商議題做充分的說明。賴幸媛發現，陸委會這樣的安排效果不錯。除此之外，國會議長隨時對ＥＣＦＡ有垂詢，或部會首長因應狀況必須請見國會龍頭，因此部會首長或副首長那幾個月勤走立法院。

在二月到六月有四次公開正式的由內政、經濟、財政及衛環委員會召集的「聯席委員會議」，由陸委會、經濟部及相關機關首長進行專案報告，說明協商進度與狀況，接受提問。在第五次江陳會談前，由陸委會主委、經濟部部長及相關機關首長和海基會秘書長，赴立法院進行「江陳會談前專案報告」；簽署後，再由陸委會主委、經濟部部長、相關機關首長及海基會董事長和秘書長，赴立法院進行「江陳會談後專案報告」。

整體而言，在ECFA這項協商議題上，相關行政部門已盡其最大能力和正向的態度與國會溝通。賴幸媛指出，事實上這些重要的國會溝通對行政部門在前線談判很有幫助，因為國會所代表的民意，正是我方的談判籌碼。

進入談判階段

二〇一〇年一月下旬，雙方開始進入ECFA正式談判的第一階段，前幾個月雙方對ECFA的內容涵蓋面，認知差距非常大，宛如不可跨越的鴻溝。對岸談判團隊業務部門商務部、工信部、農業部、財政部等相關單位，認為台灣對大陸採取和其他WTO會員不同待遇，不符合WTO準則，因此強烈主張兩岸經濟必須「正常化」，亦即台灣必須開放絕大多數仍然禁止的兩千三百多項工業農業產品和開放服務業項目；必須承諾貿易自由化期程，也就是必須敘明幾年內關稅降到零的時間表，一般是十年，對方高度質疑台灣拒絕談時間表，意味的是只要早收，其他的以後就不談了。大陸的相關技術部門明知我方不可能同意的許多敏感性要求，還先拋出來，例如要求進一步開放大陸農產品到台灣，必須列入ECFA的談判，不能不碰；大陸醫師來台執業、取消大陸電影輸入量限制等等。陸委會判斷這顯然是對方一開始的談判策略。

大陸政府部門也開始強調，他們碰到內部極大的產業壓力和產業利益問題，不可能給台灣單方優惠，而且當時大陸也同時在和韓國、日本、澳洲談判FTA中，所以不能在ECFA談出給台灣更優惠的待遇，以免其他國家要求比照。在早收清單方面，我方經濟部竟然獅子大開口，一開始試探性提出的要求是以台灣出口到大陸貿易額約四〇%為計算標準，並提出大量而敏感的項目要大陸降稅，對方商務部、工信部、財政部等認為我方要價太高，「根本超出一般常識範圍」，完全沒有討論空間。他們認為應該控制在一〇%之內，還說CECA一開始也只有三%。

對方在第一階段就不斷提醒我方，不應將商談過程中雙方認知不同或爭議的地方訴諸媒體，造成洩漏或故意操弄。這種現象的確常在我方發生，對雙方談判都造成很大的困擾，但我方經濟部門官員就是管控不住。

第一階段，對方業務部門姿態極高，要價和叫牌交互使用。我方一年多來，從最高層以降到陸委會，特別還在二〇一〇年二月「總統對人民報告」的總統府民間座談會上，不管對外之定調和經常性宣導之內容，都會強調ECFA會照顧中南部、中小企業、中低收入戶（所謂三中）、弱勢本土傳統產業、不擴大開放農產品進口，不開放大陸勞工等政策，這些訊息中共領導人顯然有接收到，因此也在二〇一〇年二月相應地提出重視ECFA，及有利於ECFA能夠洽簽的原則性談話，呼應我方「三中」的重要訴求。

但顯然對岸的上情並沒有下達。大陸的業務部門談判團隊堅持提出對台灣不可能接受的要求，與對岸高層政策方向極不一致。兩岸歧見很深，幾乎談不下去。協商進度一延再延。

第一階段在我方，陸委會於內部會議數度強力堅持，兩岸特殊關係必須特殊考量，兩岸經濟規模對比懸殊，絕不可能有進一步開放大陸農產品和許多敏感性工業產品進口的空間，無法比照WTO承諾，絕不同意將「正常化」列入，不同意列入貿易自由化的結束時程；並向經濟部門強烈建議，提出的早收清單應該依比例原則，提出「具有可行性」的「適度規模」，不應該漫天開價，因為對方也會比照，只會造成談判難以進行。或許，這是我方經濟部門的策略，先試探、用來給對方砍價用的，但拋出後就證明很不實際、完全不可行；更不是先前高層數度裁示要以急迫性、必要性為優先的適度規模清單。陸委會並請經濟部必須將我方的協議文本早日研擬完成，才能早日完成內部程序。這些建議得到兩岸小組高層院長、副總統和總統全力支持。

賴幸媛指出，那幾年，陸委會每周在兩岸小組提出來的報告分析與建議，最強而有力的支持者就是行政院院長吳敦義和副總統蕭萬長，充分認同陸委會的形勢分析和專業意見，沒有一次例外，因為他們對基層民意的氛圍掌握度很高，而同時，總統也給予陸委會高度支持。這個基礎是陸委會當時可以大力統整穩健推動兩岸關係的關鍵。

但進入四月，我方經濟部門草擬出來的內部協議文本竟然是完全參照抄襲「東協加一，CECA」的內容和文字，將ECFA當成是一個全面開放的FTA，早收只是極短暫過渡。或許，這是經濟部門的「專業堅持」，就自動忽略高層一年多前就已經對外宣示的「ECFA不是CECA，不是FTA」。但協議文本將來一定會字字句句被社會和國會用放大鏡檢視，所以陸委會當然得先字字句句檢視其邏輯和內容，以及是否符合高層的政策宣示和政策指示。

當時政府、社會和媒體還都把關注點放在早收清單項目的多寡和內涵上，不斷揣測或呼籲。但是陸委會看出，經濟部剛草擬出來的協議文本將會是政治風暴中心，預判這樣的協議文本將會帶來政治危機，造成政治崩盤。政府失信於民，國會不可能通過。

賴幸媛和陸委會核心同仁深入討論多天，極為擔憂。賴幸媛為此不能成眠，對國家最高層提出即時警示。兩岸小組高層都看到了，即時糾正我方內部亂象。最高層這時候認為，協議文本應該由陸委會去主談，早收清單則由經濟部主談。

協議文本的談判

面對現實和挑戰，賴幸媛在四月中更進一步地把「ECFA」定位為「小而必要的兩岸經濟協議」，得到高層同意，於是這句「小而必要的兩岸經濟協議」自此成為政府內部和對外琅琅上口的重要ECFA定性，在所有社會宣導工作上，國會溝通會議上，在馬英九和蔡英文四月二十五日的ECFA電視辯論上，不斷被重述引用，也藉此重塑對岸業務部門在談判上，清楚我方在ECFA協議主文的堅持，即必須去FTA化。陸委會的目的明確：藉此強化加深各方印象，收攏ECFA規模，因為現實上先讓它有機會成功，未來才有可能逐步推動執行。

陸委會提出這個「最小、必要」的原則，也根據這個原則，簡化協議文本的文字，刪除自由化時程、貿易正常化文字等等。陸委會將經濟部草擬的協議文本做了一番大調整和修正，這個修正原則和調整方案迅速得到「兩岸小組」高層的拍板定案。

> ECFA是「小而必要的兩岸經濟協議」，必須去FTA化，才有可能逐步推動執行。

約在同時，國台辦四月上旬透過兩個部門的官方管道告知陸委會他們的看法，希望協議文本由國台辦和陸委會兩個主掌兩岸關係的政治、政策部門先來主談，早收清單內容由雙方業務技術部門去磋商。國台辦表達，由雙方政治部門先行協商主文確定重要原則後，業務單位再就細節進行協商會比較快得到共識，可以加速談判進程。何況雙方兩個部門早已建立機密有效的官方管道，即使沒有面對面，也可以電話或電傳，效率提高。這是雙方不約而同的看法，我方當然同意。事實上，因為對岸在談判上也面臨著困難重重，不僅我方部門之間存有巨大歧見，大陸部門之間也存在嚴重歧見，難以執行，國台辦一樣必須出面用力協調對方眾多業務部門相關單位。

雙方談判進入第二階段，但是路途非常崎嶇。對岸反反覆覆，對正常化要求變卦來變卦去，又堅持要貿易自由化的起迄時間。因為對岸業務部門要求台灣不能繼續歧視大陸，因此文本中必須有「正常化」三個字的精準表述出現。內容呈現方式，對方從專章、專節、一路退到專條呈述，但我方堅決不同意。對方退到提出，願意在序言中做適當有正常化意涵的表述即可，提出建議用「WTO基本原則」。而我方則相對應建議用「WTO精神＋考量雙方的經濟條件」在序言中作表述。但是對方認為「WTO精神」的意思太模糊，不足以體現貿易正常化的精神與意涵，因此要求至少要用「WTO基本原則」這幾個文字在序言，但絕不能同意放上我方要求的「考量雙方的經濟條件」這樣的文字，否則大陸對內無法交代。

眾所周知，「WTO基本原則」指的就是不歧視原則，也就是最惠國待遇和國民待遇。事實上，台灣在經濟上和政治上根本不可能對中國大陸「全面」做到最惠國待遇和國民待遇的地步，因此我方認為如果不加「考量雙方的經濟條件」這句話在序言，對台灣內部而言，就等於是無條件地、全面地開放當時禁止進口的兩千三百多項大陸農工產品，也是朝向全面降稅到零的貿易自由化方向走去。我方不可能接受。台灣全民都睜大眼睛在看，立法院審議一定不會通過。

守護台灣的安全閥

賴幸媛說：這是對台灣經濟面和政治面都很現實的問題，因此必須加入「考量雙方的經濟條件」這九個字，這是「守護台灣的安全閥」。在我方持續堅持下，談判直到最後一刻雙方才有共識，對方終於同意在「WTO基本原則」後，放入「考量雙方的經濟條件」這句話。陸委會說服了國台辦，雙方各退一步。在序言和內文第二條合作措施的適當位置都放入「考量雙方的經濟條件」。文字意思非常明確，也就是ECFA是採取循序漸進、審時度勢、沒有最終時間表，依各自狀況和條件適時給予開放或不開放的調整，這是符合兩岸非常特殊的關係，以及雙方經濟量體非常懸殊的一項經濟協議。

安裝「考量雙方的經濟條件」，這句話是賴幸媛反覆推敲，並和經濟處戰將千錘百鍊出的文字。在兩岸小組得到高層行政院院長、副總統、總統堅定的支持，並同意陸委會的建議，若「不放進這九個字，寧可破局」。高層三番兩次在會議上強調這句話的重要，「一個字都不能少，一個字都不能改」。最高層還跟賴幸媛說，陸委會管道應讓對方得到這個「不放，寧可破局」的訊息。

可以接受破局，是一個明顯有用的調整，有別於年初總統公開宣布要在第五次江陳會談簽署ECFA的時間表。事實上，一年多來，我方從高層到整體政府團隊對外都展現出堅定的決心和意志，要推動落實ECFA的目標一直也沒有改變，這可以從政府長期總動員，積極與民間社會和國會密集溝通的作為就可以看到決心。從政府推動重要政策的立場而言，宣布目標時程是有必要的，因為這是政府決心和政策透明的一種展現，必須告訴人民。

但是，若從內部與對手進行談判的實務而言，的確需要進行階段性評估是否符合我方目標，而看狀況在時程上做必要調整。外界談判專家批判馬政府高層會去宣布ECFA簽署的目標時程是「不懂談判」，才會發出這種「台灣對ECFA談判無耐性」的信號，讓對手予取予求。其實，真正在談判桌上，本來就是要看實際狀況再做必要的時程調整的，中外皆然。我方在ECFA整個談判過程中，也充分展現了這項特點。

我方高層在內部對簽署時程做了相應狀況的必要調整，明確態度對在談判桌上的行政團隊而言，非常有必要，也是籌碼。因為內部沒有設談判時限（deadline），才有更大的談判空間，否則容易被對手片面操作，提高要價。如果政府談判團隊只有必須如期簽署的選項，即使碰到對己方很不利的狀況，也只有讓步。談判越有耐性越可能達到己方目標，若無耐性則會被迫接受不利於己的談判條件。

從ＥＣＦＡ的談判中可以看出，雖然政府一開始對外有公布希望簽署的時程，但內部談判卻具有耐性，努力設法達標，時限在必要時也可以調整。馬英九總統不只一次在不同階段要談判團隊：「絕對不要因為時間壓力，作出不必要的讓步，對我們不利，就不要接受，延期再談。我在雙英辯論時講的很清楚，如果ＥＣＦＡ無法做到『以台灣為主，對人民有利』和有利於台灣整體利益，寧可破局，全國一半的人民都知道。」

賴幸媛說，在二〇一二年八月簽署的另一項眾所矚目、極為重要的《兩岸投資保障協議》，歷經兩年，我方簽署期程一延再延，內部沒有設定必須完成簽署的時限，漫長談判過程，團隊就是耐性地儘量設法達成我方能夠接受的目標，是另一個兩岸談判經典的案例。

陸委會上場之談判官員交涉的底氣足，可能會造成破局的提醒和動作也真實。另外，陸委會和國台辦的官方管道，劉德勳和鄭立中之間密集的、理性的、詳實的溝通。該分析的、該建議的，語言明白，雙方都直接聽得清楚，也可以查證訊息，不容易誤判。雙方談判團隊激烈角力，談判壓力緊繃到極限，「管道」溝通時，鄭立中跟劉德勳講：「我已經很努力了，你真的要相信我啊！」賴幸媛說，從劉、鄭兩人那幾個月的對話溝通，就可以看見雙方努力折衝的程度，都把話理性攤開講白了，「這個管道就有這樣平實的語言，是直接有效的溝通。」

針對沸沸騰騰的「ECFA公投案」，對原本就困難重重的ECFA協商，更增添複雜和難度，劉德動在五月透過管道讓鄭立中充分了解我方「ECFA公投案」的法規流程和法律規定，以及行政部門必須遵守公審會獨立審查的職責，溝通理性專業，增進對岸的理解，對降低誤判很有幫助。四月到六月間，雙方處理兩岸關係的政策和政治部門卯足力道，積極設法解決問題。國台辦也需要積極協處對岸業務部門的本位壓力，因為對岸業務部門相當程度反映著大陸業者的反彈聲音，總體言之，陸方希望讓ECFA能在第五次江陳會談簽署的態度在五月和六月時已經相當明確，陸委會判斷這是大陸領導人的意旨。

有談判理論家為文嚴厲批判馬政府的談判官員時，曾說：「……因為總統要求在期限內完成談判，所以官員每每簽署協議就重量不重質，以量取勝，而不重視目標達成。官員談判避重就輕、畏苦怕難、敷衍了事，例如常用『如有未盡事宜……雙方可再行協商』的條款來搪塞。……而且官員利用資訊不對稱來欺瞞決策階層，因此所簽的十九項協議給台灣得利很少。」

「這種批判完全昧於事實，所批評剛好與那幾年的兩岸談判實情完全相反。」賴幸媛強調，這也難怪，由於外界無從得知談判過程中雙方複雜的角力過程和實際狀況，常把個別的既定成見和錯誤認知，想當然耳地當成是實況，頗有故意「長他人志氣，滅自己威風」的味道，反正「老共一定強、台灣一定弱」的想法在台灣深植人心，所以會認為兩岸只要一進入協商，我方一定節節敗退。賴幸媛從經驗出發，指出：「其實雙方在談判上，各自都有優點，也都有缺點，重點在知道對方的弱點，善用自己的優點。」

雙方在談判上，各自都有優點，也都有缺點，重點在知道對方的弱點，善用自己的優點。

賴幸媛強調：「當時陸委會組成的談判戰將團隊優質，有目標導向，執行任務時有策略、有方法；面對艱難談判時，勇於承擔、耐苦耐勞，意志力堅強；這些戰將專業知識強，談判能力強，思慮周密，對決策層級完整坦率地反應談判現狀，並加以精準分析，知已知彼，不僅具有高度的耐性，也能承受高強度的壓力，為了達成國家利益之目的，奮力而為，應該還給他們公道。」

賴幸媛說，事實上，兩岸協議中都會有一條「如有未盡事宜……雙方可再行協商」的條款，包括一九九三年辜汪新加坡會談所簽的協議也有，並不是批評者所指涉的這個條款就是「台灣官員敷衍了事的搪塞」。這其實是國際協議中常見的條款，用意是指，當事有不能窮盡時，雙方可以再進一步去磋商，此乃國際常識。賴幸媛主政陸委會二〇〇八年到二〇一二年的四年五個月中，兩岸簽署的十八項民生和經濟協議，落實之後，事實和數據都證明對台灣民眾實際獲益相當明顯，不只ECFA，其他如兩岸直航、陸客來台觀光、共同打擊犯罪和司法互助、投資保障、醫療衛生合作、食品安全衛生合作、農產品檢驗檢疫、智慧財產權保護等等。

「有起有迄」vs「無起無迄」

在ECFA文本的談判，雙方對於自由化時程的起迄時間點，爭議極大極久，到六月還無法解決。對方要「有起有迄」，因為顧慮我方對實踐貿易自由化沒有決心；但我方要「無起無迄」，因為擔心在政治上被扭曲成「一中市場」的時間表，在實質上我方也做不到，因此不表同意，絕不可能同意明列自由化的結束時間。在最後階段，雙方好不容易達成「有起無迄」的共識，各退一步。放了模糊有彈性的文字：「本協議生效後六個月內就貨品貿易協議展開磋商，並儘速完成。」沒有結束時間。其他後續協議如服貿、投保和爭端解決的協商也放同樣有彈性的文字。也就是說ＥＣＦＡ不是一步到位，會看情況，循序漸進的推動。

「有起」表示我方有會持續推動的承諾，「無迄」表示沒有最終時間表，拔除了陸委會認為會引發政治風暴的引信，成功說服國台辦。事實上，雙方在文本，字字斟酌，句句推敲，都非常計較。

即使服貨、貨貿放了「有起」的規範，但實務上也並非一定會在六個月內就展開協商，因為雙方一定會，也必須會再評估實況。我方對ＥＣＦＡ後續的《投資保障協議》的需要度比對服務貿易協議或貨品貿易協議都來的急迫，因為有上百萬廣大台商在大陸投資，長期發生種種不受到保障的棘手頭痛問題，因此，ＥＣＦＡ之後兩岸首先列入的後續談判議題，就是《投保協議》，而不是服貿或貨貿的協商。

《投保協議》花了整整兩年時間，在二〇一二年八月才完成。這是賴幸媛在陸委會任上兩岸簽署的最後一項協議。後續之服貿協議的談判和簽署，不在賴幸媛任上發生，當時她早已離開陸委會。服貿協議鬧得喧騰四起，還引發太陽花學運，也未能在立法院獲審議通過。賴幸媛感嘆，ＥＣＦＡ歷經一年半的動盪，在艱困中能夠「逆轉勝」的痛苦教訓和經驗，竟然那麼迅速地在政府上下、左右間被掉以輕心地遺忘，導致一連串政策和政治的災難！

生效條款，也是ECFA文本協議中非常困難的談判項目之一。陸委會主談官員最後說服對岸，ECFA協議不需要明訂生效日期，而是依雙方相關之程序來處理，程序處理完，通知對方後，協議才生效。這是為了尊重國會監督，是ECFA能否在立法院通過的關鍵之一。賴幸媛說，從那幾年的經驗來看，兩岸的溝通和協商，在實務上，的確讓兩岸增加互信和相互理解，這是靠一次次的累積而來，速度不快，但一定會有功效。例如，生效條款不押時間，是花了兩年的時間經過十二項協議簽署的經驗，雙方才達成共識，不再押日期。兩岸自一九四九年，即處於完全不同的政治體制和規範，要理解對方，的確相當費時費勁，但凡事沒有不可能。賴幸媛認為，這就是「兩岸制度化協商機制」正面有功效之處，任何民選政府執政，都應該聰明運用。

政府未能記取ECFA在艱困中「逆轉勝」的教訓和經驗，導致了之後一連串政治災難。

第七章

早收清單談判

「讓利」是很不正確的政治語言，誤導社會認知。藍營人士普遍認為這是大陸善意讓利，台灣才拿到的好結果；但反對者和綠營就冷嘲熱諷說，這是對岸「政治讓利」下的結果，是中國的政治目的。賴幸媛則揭示談判的基本原理：談判時，雙方本來就是 Give and Take，重點在於能否達到彼此可以接受的「互利互惠」。

到了二〇一〇年六月，談判進入關鍵的第三階段，早收清單還有不少我方非常關鍵的石化（塑膠原料）、工具機、汽車零組件等相關項目，是我方高層先前曾對相關產業公開表達會爭取的承諾，但大陸商務部、工信部表示，大多數這些項目是大陸企業大為反對或反彈的項目，因此不肯答應，我方經濟部主談者一直談不下來。

我方高層曾經在內部會議裁示：「如果清單沒有談好，也不能簽，也就是說，若沒有達到可以接受的程度，ＥＣＦＡ可以延簽。」後來高層關切的這些項目，在雙方業務部門進入到最後清單談判的拔河賽時，我方還有三十八項原本被對方堅拒的重要項目，其中超過三分之一得以搞定，有拿到；由於我方石化業者所關切的多項核心塑膠原料，最後並無法被納入我方拿到的早收清單中，因此協議簽署公布後我方石化大企業主公開表達失望。因為在二〇一〇年，大陸給予東協國家大部分的石化業產品都已經降到零關稅，特別是新加坡在石化方面的競爭力很強，當時在中國大陸市場已對我出口廠商造成相當衝擊。

陸委會判斷，大陸業務部門要將早收清單沒有談成的我方核心石化塑膠原料和部分敏感的工具機，放到未來ＥＣＦＡ後續的「貨品貿易協議」來處理，這是對方的策略，當成未來籌碼。這一路過程中，我方內部分析，經濟部門在早收清單我方要價的重要項目上，例如諸多石化核心塑膠原料和數值工具機等，基本功沒有做足，說服力很不夠，如果能夠提前妥善整體處理，那些核心項目談成的可能性應該可以提高，這也是高層一路頻頻關切與感到意外的重點。問題是長久以來我國經濟部門的產業調研能力與總體經貿談判能力的養成很不足，需要時間和努力，無法一蹴可成。

不是「讓利」，雙方都「有得有失」。

幾乎要進入六月下旬了，我方仍積極爭取最後核心的六項數控工具機和石化塑膠原料之敏感產品，企盼放入共識清單，但對方的門已經關了，理由是他們已經進入簽報「國務院」的程序，對方表明實務上無法再同意。我方整體研判，在協議文本方面，我方最後已經談出了很有利的結果，早收清單的項數也儘量爭取到最大可能，雖不夠滿意但可以接受。於是雙方同意進入兩會（海基會和海協會）的程序，舉行每次江陳會談前一定要過場舉行的預備性磋商，對外同時公布雙方有共識的部分內容，滿足媒體報導的需求，並同意第五次江陳會談在六月二十九日於重慶舉行，簽署ＥＣＦＡ。

雖然我方定性ＥＣＦＡ為「小而必要的兩岸經濟協議」，但我方經濟部、陸委會談判團隊實質上的確是盡力在爭取重要的、必要的項目列入早收清單。雙方早收清單最後敲定的是，台灣拿到五三九項，佔二〇〇九年台灣對大陸出口貿易額一三八・四二億美元，為一六・一五%；大陸拿到二六七項，佔二〇〇九年台灣自大陸進口貿易額二九・二五億美元，為一〇・七八%。

乍看台灣早收清單的項數和貿易額比例都高於大陸，這是因為雙方與對方之間的貿易額比例，台灣原本就高出大陸很多。當時許多媒體都自動呼應對岸的說法，宣稱最後清單之比例，是大陸對台之「讓利」。賴幸媛強調，事實是，這不是一方對另一方的「讓利」，這是雙方數個月來非常斤斤計較談出來的結果，雙方都「有得有失」，有太多項目根本是互不相讓，談判過程非常艱辛。

賴幸媛認為「讓利」是很不正確的政治語言，誤導社會認知，挑撥台灣社會在兩岸關係上長期存在的微妙情緒和情結。許多藍營者認為這是大陸善意讓利，台灣才拿到的好結果；但反對黨和綠營就冷嘲熱諷地說，這是對岸「政治讓利」下的結果，是中國的政治目的，否則台灣政府怎麼可能拿得到？賴幸媛說，談判雙方本來就是有拿有給，國際皆然，重點在於是否達到可以接受的「互利互惠」程度，否則雙方根本簽不成。賴幸媛指出：「台灣民間社會，長期在兩岸關係上不是過卑就是過亢，很難認知『不卑不亢』是什麼意思。很不健康！」

台灣民間社會，長期在兩岸關係上，
不是過卑就是過亢，很難認知「不卑不亢」之道。

總體而言，我方提出的要價清單是七六三項，實際談判所得的結果是五三九項，達成率是七〇・六%。在機械產品（包括工具機）部分，拿到五五・八%，其中工具機我方要價八十二項，拿到十九項，佔二三・八%，比例偏低。在整體石化部分拿到八七・二%，若以其中的塑膠原料看，我方要價六十五項，拿到四十四項，佔六七・七%，但核心塑膠原料有幾項大企業高度關注的沒有拿到。汽車零組件部分，拿到五三%。紡織品部分拿到八三%。

在服務業方面，有關電影片進口配額，大陸對台灣電影片沒有限制，台灣每年開放大陸電影片十部為限。台灣開放會展產業、運動休閒服務業、電腦訂位空運服務業等。大陸開放電腦相關服務業、會展服務業、研究發展服務業、醫院服務業、會計審計簿記服務業、民用航空器維修服務業等。服務業之談判，並不是早收清單的重點，雙方著墨相對較少。

最特別的是，我方爭取到十八項台灣農產品列入大陸給的早收清單中，包括香蕉、柳橙、石斑魚、秋刀魚、蘭花、哈蜜瓜、烏龍茶等等，原本這些農漁產品大陸課的進口關稅相當高，很多達到一五％到二〇％，早收開始執行後，兩年內這十八項農漁產品銷到大陸免稅，很快就帶給中南部農漁民很大的實質獲益。而政府卻能成功地守住了一年多來給予農漁民的承諾，亦即台灣不會進一步開放大陸農產品進口，也沒有將大陸農產品列入我方給予大陸的早收免稅清單中。

農產品清單的主談是由陸委會執行，不是經濟部，也不是農委會。要將農產品放入我方早收的要價清單，是賴幸媛的主張和堅持，她認為應該在ＥＣＦＡ談判中設法達成，若能成功，將會是ＥＣＦＡ在台灣基層社會最有說服力的佐證。當時連高層都沒料到賴幸媛會有這個主張，雖曾顧慮是否會影響本已足夠複雜和困難的早收談判，但仍給予高度支持，樂觀其成。

不忘照顧農漁民利益

時序即將進入六月，賴幸媛請時任農委會主委陳武雄務必要儘快給她我方農產品的早收要價清單，一向保護農業農民不遺餘力，農業專業出身的陳武雄，非常擔心我方要對方免稅，對方也一定會提出農產品要價清單來逼我方就範，那政府給農民的承諾將會破功，因此非常質疑而遲遲不願提出農產品清單給賴幸媛。

陳武雄的質疑可以理解，他對農業發展用力很深。但賴幸媛清楚自己一路以來的布局：ＥＣＦＡ要照顧農業、照顧中南部、中小企業、中低收入者的理念與政策定調，透過陸委會各種活潑大量的政策宣導，在各種平面媒體、在廟口、在電視、在電台、在校園等等，以及總統信誓旦旦在許多重要場合的承諾，一年多來相關印象已經廣植台灣民間社會，這樣的力道終於促成對岸ＥＣＦＡ的政策調整。陸委會敏感地注意到，在二〇一〇年二、三月間，對岸高層公開呼應，未來的ＥＣＦＡ談判，會關切台灣「三中」的利益，即中南部產業、中小企業、中低收入者的利益不受到傷害，大陸高層有意跟進台灣的民意、節奏和步調。

賴幸媛企圖在ＥＣＦＡ談判中設法取得照顧我方農漁民利益之信念堅定，最後終於說服了陳武雄，交給她二十七項農漁產品的要價清單。我方農產品清單在最後的協商階段提出，雙方由陸委會主談者協同農委會官員，以及國台辦主談者協同對岸農業部官員進行交涉談判。通常談判上，在後面階段拋出新議題，難度和複雜度都會很高，但陸委會跟對岸提出協商我方農產品要價的 timing 時間點，是經過陸委會內部計算和評估的，不能太早提出而複雜化其他正在進行中的談判，恐造成我方整體不利。協商時，由於農委會提供的各項基礎數據完整清楚，我方準備的論理充分清晰，說服性強，雙方最終達成共識，我方拿到十八項免稅銷往大陸的農漁產品早收清單，這個豐碩結果讓農委會很振奮，終於相信陸委會的本事。

賴幸媛的策略和判斷精準。以文心蘭為例，大多數種植者是中小企業與農戶，當時全台從業農戶約有四百戶，從業人口數千，散布在彰化以南的中南部，早收清單落實前，一年銷到大陸六千支，早收落實的第一年，就成長為一年二十五萬支；這十八項農漁產品免稅出口到大陸，讓中南部眾多小、中農漁戶受惠，證明 ECFA 不只是讓部分的大財團大企業獲利。根據政府當時的統計，獲利產業不只是較大的企業，如石化、汽車零組件、紡織、機械業者，還包括兩萬多家的中小企業，就業人口佔四十二萬餘人；而中小規模以內需市場為主的本土傳統產業的產品項目，不僅沒有放入到我方的免稅清單，更爭取到可以免稅到大陸，而且ＥＣＦＡ也沒有開放大陸勞工進來台灣。簽署完後，終於扭轉了過去長期被扭曲的批判，洗刷一年半來被無情的污衊。

在協議文本的談判上，我方除了有效排除列入正常化和自由化結束時間的威脅、加入「考量雙方的經濟條件」文字、以及生效條款不再明定生效日期外，我方也成功爭取到列入溝通協商機制的機構安排、爭端解決機制、建立投資保障措施、以及終止條款等條文於文本呈現，整體成績相當亮眼，陸委會在文本的談判上，該守的守住，該爭取的爭取到。總體而言，我方政府整體在ＥＣＦＡ之談判包括協議文本和早收清單兩個部分，有攻有守，有取有予。兩岸小組高層用「九局完封」形容：「該守的守住，政府說到做到。」清單上該爭取的我方已盡力爭取，不盡滿意的地方就是下一局再努力。二〇〇八年前執政的民進黨政府，大幅開放了三千多項大陸的農、工產品進口到台灣，包括二三一〇項工業產品和九三七項農產品。馬政府承諾不會進一步開放禁止中的八百三十多項農產品。守住了、做到了。

> 馬政府承諾不會進一步開放禁止中的八百三十多項農產品。守住了、做到了。

賴幸媛說「管道」在ＥＣＦＡ談判上功不可沒，是很有用的機制。陸委會和國台辦在二〇〇九年底建立的的機密官方直接溝通管道，有兩個層級，運作越來越純熟。在二〇一〇年的ＥＣＦＡ協商上，特別是在最關鍵時期的四、五、六月，發揮了即時和非常重要的功能。我方的觀點與分析，對方的說明和看法，我方不可動搖的底線和意志，對方為什麼堅持與困難，來自雙方高層的意旨等等，透過兩岸兩個機關的官方管道，一而再地傳達、交涉和溝通，緊迫時一天多次，幫助掌握時效，建立互信，釐清不實訊息，減少雙方誤判，有效協助達成我方的底線目標，以及促成雙方的共識。這個賴幸媛主動出擊、王毅積極對應的管道設置，達到賴幸媛一開始布局時預判的功能與目的。賴幸媛說：「這是因為雙方都有務實的態度想要真正解決問題，誠意地希望增進兩岸關係良性的互動和改善。」

賴幸媛說，陸委會上場ＥＣＦＡ談判的文官戰將團隊成員，包括經濟處、法政處、企劃處等同仁們，經驗老道的主秘張樹棣也是海基會的副秘書長，在協商、會談現場觀察判斷與協助。當時三位副主委高長、趙建銘、劉德勳都深入投入，大家認識一致，因此能夠合作無間，形成堅強有默契的團隊，不管在密集的國會溝通工作上、在巨量的社會溝通宣導工作上、或在專業協助談判工作上，分工合作，發揮綜效。聯絡處在處長盧長水的領導下，整體團隊卯盡全力，戰力十足，當時對立法院情報資訊蒐集之能量很強，提供了國會溝通和社會溝通很重要的奧援。

何止ECFA談判忙碌，兩岸在協商ECFA同時，也在談判另一項非常重要的經濟協議：《兩岸智慧財產權保護合作協議》（以下簡稱《保護智財權協議》），希望透過該項協議的制定，強化專利、商標、著作權、植物品種權、和智慧財產權的管理及保護。有了這項協議後，兩岸官方就建立了有用的執法協處機制，打擊各種各類的盜版和仿冒的侵權行為；保護馳名商標、地理標誌或是著名的產地名稱；對水果和農產品的虛偽產地標示進行監管和查處等，這些措施對台灣銷到大陸的產品，開始提供重要的保護。

這項協議我方是由經濟部智慧財產局、農委會和陸委會法政處，與對岸的商務部、農業部和國台辦法規局進行協商，也在第五次江陳會談成功簽署。《保護智財權協議》非常重要，但當時的社會關注度被ECFA蓋過，較少得到媒體的青睞與立法院的關注，反對黨更是興趣缺缺。賴幸媛記得這項協議通過後，經常來訪陸委會的美國、歐盟官員、或美國國會議員、州長及歐盟議會議員等，對這項協議高度興趣，頻頻問她台灣是如何做到和大陸建立這麼重要的智慧財產權保護機制的？甚至優於WTO。各種智財權侵權行為，也是在中國大陸投資的許多美國和歐盟等外商非常頭痛的問題。賴幸媛請他們學學台灣。

打造高戰力團隊

小小的陸委會，戰力為什麼這麼強？賴幸媛說，對於二〇〇八年五月之後新政府風風火火開展兩岸新時代的巨變，陸委會面臨繁重和新開展出來的龐大業務量，為了因應新變局，陸委會需要增加人手、增加預算，例如宣導和人事預算。傳統上，陸委會是很小的部會，人員編制很少、預算規模很小，是道地的冷衙門，在行政院部會中排名末段班，因此二〇〇八年以前，連立委們都懶得理會陸委會的預算，即使大陸政策兩岸關係一直受到社會高度關注。賴幸媛從二〇〇八年下半年就開始處心積慮、不厭其煩，親自無數次到行政院主計處和人事行政局，試圖說服這兩個政府內部最極端保守和本位主義的單位。

賴幸媛說，過去在立法院的工作經驗對她幫助頗大，容易找到改變的訣竅。但「管錢」的主計處和「管人」的人事行政局，是行政院最難通融的兩個單位，他們通常不會因應政府機關的重大政策改變而做調整，很難與時俱進。雖然受制於一些綁手綁腳的法規，但重點還在於這兩個機關的「本位主義」，讓他們拒絕「主動」看到，相關法規本來就提供有合法解套的可行性。加上馬政府自上而下奉行「循規蹈矩」的風氣，讓這兩個單位的作風傾向於越管越嚴。例如曾在陳水扁時期任AIT駐台代表的美國智庫專家包道格來台灣參加研討會，必須在「便當」上簽名，表示有吃到，否則陸委會無法報帳。部會若想要積極有作為地推動工作，只能搖頭嘆息！不合時宜的法規本來就應該修法，執政黨有超過四分之三的席次，卻沒有作為，反正行政部門不提出。

賴幸媛必須有所突破，不然，龐雜工作窒礙難推。她想要申請增加約聘人員和預算經費，來執行兩岸關係新開展出來的龐大新業務，她發現這個工作竟然比兩岸談判更加艱難。賴幸媛無法依靠高層去幫忙說項，因為這不是高層的風格，她必須全靠自己堅強的意志和不達到目的不肯罷休的「磨功」，她提出新增二十名約聘人員的員額，鑽研並善用現行法規提供的可行性，花了將近一年時間，即使過程非常艱辛，但結果讓她很感動，終於達成這個不可能的任務。

賴幸媛說，國家公務體制公務人員的招聘和養成訓練非常重要，攸關政府能否長期穩健專業推動政務工作、建立社會制度、為民眾解決問題，是一個國家是否有競爭力的重要指標，公務體制強調穩健和專業累積，但面對新時局，重大新政策的推動時，若能注入活潑思維，有不同社會經驗的必要新人力，對文官團隊可以帶來正能量，帶給工作推動的效力和效率。

有了新增員額，陸委會可以向外招募適當優秀的新人力，放在政策宣導、國會溝通、基層溝通、國際溝通、和兩岸相關的研究工作上。聯絡處更加生龍活虎，企劃處增添研究動能，新人力融入文官體系，剛好即時提供了如火如荼進行中的ＥＣＦＡ相關工作，以及其他兩岸工作、國際溝通工作的重要人力。

善用「社會力」

賴幸媛別無選擇，必須高調行銷ＥＣＦＡ，高分貝為政策強力辯護。

二〇〇九年初，ＥＣＦＡ議題剛萌芽，還沒有實質內容時，聲勢就一下子被拉拔得震天價響，社會瀰漫反對浪潮。民眾對ＥＣＦＡ有疑慮，是源自於對大陸的不信任，和對政府能力的質疑。民進黨無所不用其極的撻伐，將ＥＣＦＡ當成是選舉動員的大利基，醜化成惡魔和毒藥；不少國民黨立委被洗腦，在立法院戰力薄弱，連不分區經濟法律專業的立委也跟著批判，不過好玩的是都沒打到重點，整體國民黨對這個議題沒有認識、沒有準備，顯得心虛。馬政府深陷政治泥淖。

面對如此威脅和挑戰，陸委會從二〇〇九年三月開始，增加一項重大艱困的任務，即必須密集投入到ECFA的社會溝通工作上。如何有效傳播ECFA是什麼？對台灣的內需型產業會不會有衝擊？對外銷型產業有什麼好處？和對岸要如何出招、接招、拆招？台灣要什麼？不要什麼？政府承諾什麼？

經濟部二〇〇九年在ECFA宣導上也很努力，但方法傳統，就是委託中華經濟研究院辦理了半年、許多場的座談會和公聽會，邀請專家學者和企業界人士在冷氣會議室裡討論，這方式距離社會大眾太遙遠，比較像自說自話，牧師跟牧師傳道，連媒體都少有報導。

有別於傳統公務機關的宣導方式，陸委會的ECFA社會溝通方式：多元、活潑、創意並日本土化。不管整體宣導活動或文宣製作，都以正面迎對、活潑、另類的方式呈現。所以陸委會當時的文宣品，不管是平面還是電子媒體，都備受矚目。

陸委會推出一部又一部的政令宣導短片，連廣告才子范可欽都在電視上說「有這樣的功力，非常不得了」。因為手法新穎有效，引起廣泛討論，在電視、電影院、網路播放，吸引大量目光注意，傳播效力特別強，因此經常招惹民進黨立委和特定媒體抨擊，並揚言刪預算。

陸委會的文宣思考，背後代表的是對社會基層力量的分析和策略。宣導的主軸，強調捍衛人民的生存權，就是捍衛國家的主權。守護台灣產業，就是捍衛經濟主體性。堅定守護台灣的立場和承諾：不矮化主權、不開放大陸勞工、不擴大開放農產品，以內需市場為主的本土傳產，因為過去政府開放而受到傷害，但新政府保證不讓這些本土傳統產業受到進一步傷害。

門打開，阮顧厝

看到民眾對兩岸交流的疑懼，賴幸媛用台灣廟宇之「門神」為意象，以台語「門打開、阮顧厝」，來表現陸委會在兩岸關係「既推動、又把關」的職責。「門神把關」這個本土象徵，成為當時陸委會和賴幸媛的「企業識別系統」（CIS）。

賴幸媛說，兩岸關係要「開大門、走大路」，她這句個人風格的語言，有氣勢，台語、國語皆琅琅上口，在陸委會各式各樣的文宣品、宣導短片和宣導活動中不斷出現，很快為各界以及高層廣泛引用。賴幸媛說，陸委會在ＥＣＦＡ出色的宣導構思和各種文宣創意，施威全是最大的功臣。因為，施威全有很強的政治判斷和新聞操作概念，和聯絡處新聞組同仁共同努力，能將每一次主委或副主委下鄉開講的新聞重點，或陸委會舉辦之各式各樣ＥＣＦＡ中大型民間論壇溝通會的內容，就是有辦法巧妙搭配剛好可以釋出的兩岸新聞內容，一起傳播出去，因為對兩岸報導的需求度高，媒體自然青睞。所以，不只現場參加群眾能夠聽到陸委會的宣講內容，透過媒體報導給ＥＣＦＡ加乘的傳播力，很聰明。那幾年，陸委會媒體曝光度非常高，行政部門數一數二。

陸委會大量運用廣播電台傳播ＥＣＦＡ，有涵蓋率遍及全台的全國性廣播電台，以及分成東、西、南、北四大區塊的區域性電台，和十一個分區分眾的廣播電台，長期委製ＥＣＦＡ現場廣播節目，特別著重在中南部的台語廣播，這些電台節目的涵蓋網重疊，這樣可以被聽到的機率就增加，連金門、馬祖、澎湖都聽得到，以貼近民意的語言台語和客語傳播。

例如，在中南部的長期帶狀電台節目上，陸委會找來多位富社運經驗，並曾主持過地下電台、收聽率很高的廣播人來主持，他們了解基層產業，能用本土化風格的閩南語，以及貼近人心的俚語來和聽眾對談。陸委會官員從主委、副主委、局處長和其他官員輪流上電台，或是找其他社運人士當嘉賓，由主持人帶動，與反方來賓及現場 call-in 聽眾，提問辯論 ECFA，就反對黨對 ECFA 的扭曲批評，提出銳利反擊，一段時間後，廣播節目獲得基層聽眾熱烈迴響，由於語言活潑有趣，在基層頗具本土傳播效果。

賴幸媛認為：「社會共識的形成，由下而上才會牢靠。」陸委會上下總動員，多路並進，主委、副主委、和局處長輪流密集下鄉，一年的期間，在全台「廟口開講」了三十多場，深入到最深綠的群眾中，擔綱行政部會的開路先鋒。賴幸媛說，她個人最喜歡挑南部深綠大本營的廟口場次，和民眾雙向誠懇的溝通，令她很受用。她會很融入親切的情境中，讓「門打開、阮顧厝」的口語、印象和理念深植民心，提升民眾對推動兩岸關係改善的信心。賴幸媛說：「我們去廟口談，民眾反應很直接、很直白，是很有用的民調」。

社會共識的形成，由下而上才會牢靠。

「廟口開講」會有一段布袋戲偶口語介紹 ECFA 開場，也會有一段舞獅敲鑼迎賓，陸委會「門打開，阮顧厝」紅通通的廟宇門神形象的大背板，就呼應著真正廟宇大門的門神，有趣、活潑、生動。賴幸媛記憶猶新地說，有次在台南的廟口，來了數百名民眾，比預期更多，她誠懇地聆聽和溝通，理解民眾的憂慮，有原本反對ＥＣＦＡ帶有敵意的婦女聽完之後，上前緊抱住賴幸媛，並且流著淚地說：「我非常感動！政府絕對不能讓ＥＣＦＡ曇花一現！」高長和趙建民的台語嚇嚇叫，親和力強，廟口開講效果好。客語是劉德勳的母語，和客家鄉親在廟口樹下娓娓道來，深受歡迎。

深入基層的賴幸媛，不迴避、不畏戰、還積極迎戰。推動ＥＣＦＡ時，有部會開公聽會，聽聞有反對群眾便將會議取消。賴幸媛的風格不一樣，有一次她下台中拜訪市議會，民進黨議員場裡場外發動抗議，很多民眾堵住大門，賴幸媛直接走向抗議人群，揮手、微笑、握手，不怕推擠，還與民進黨議員擁抱。電視轉播出來，抗議場面帶有很多群眾的笑容，氛圍變得頗有喜感。

點滴努力，逆轉勝

二〇一〇年五月二十三日，在協商最緊重的時刻，陸委會聯絡處在大甲鎮瀾宮辦了一場大型數百人的本土傳統產業發展與ＥＣＦＡ的說明會，不只中南都許多傳統產業者擁躍出席，賴幸媛的父親也從台中老家帶著家人一同共襄盛舉。經常跟隨賴幸媛國內外出任務，負責攝影、電腦作業和新聞作業的蔡馥宇回憶說：「在最後回應時間，白髮蒼蒼的賴爸爸舉手站起來，拿著麥克風侃侃而談說：『我這個憨查某囝ㄚ，做代誌真認真，忙起來只吃泡麵，我卒不甘ㄟ……』現場很感人，大家為老人家狂拍手。」蔡馥宇就是陸委會新增員額招募進來的認真優秀同仁之一。

地方政府是市民的重要傳播媒介，為了增加地方政府對ＥＣＦＡ的認識，陸委會找了十個縣市政府合辦了十場分區分眾座談會，每個場次地方政府都會邀集約三百名左右或更多的地方各界代表，縣市首長也給足面子出席，與陸委會雙向溝通，釋疑ＥＣＦＡ。陸委會同時在北部、中部和南部各辦一場區域性大型超過五百人的ＥＣＦＡ論壇活動，這些論壇討論會的溝通設計著重在雙向。有趣的是，也因為民進黨的砲火四射，讓當時ＥＣＦＡ議題夯到不行，不必擔心沒有聽眾，出席者總是相當擁躍。許多執政黨立委開始對ＥＣＦＡ感興趣後，為了回應選民關切，紛紛請陸委會在他們的選區合辦ＥＣＦＡ說明溝通會，賴幸媛很重視，一定會親自到場主講，常常人山人海，她的經驗和觀察是，與立委選區的民意溝通，直接而有效。國民黨的民眾服務社總算也開始意會到，他們必須與基層民眾談ＥＣＦＡ，於是請陸委會支援講者。

學者是意見領袖，不管提筆為文或是影響學生，都是關鍵角色。陸委會在高高屏、雲嘉南、中彰投、宜蘭、和花東等五個地區的大學校園，舉辦了五場分區與學者的大型座談會，分別由陸委會官員與專家學者們深入討論，現場數百名政治系、經濟系、社會系、哲學系等學生，參與很踴躍，討論認真。年輕人很關心ECFA，因此ECFA也必須進入到校園溝通，企劃處和不同的大學社團合作，舉行了二十場校園座談，與年輕學生公開對話和討論。

二〇一〇年四月二十五日，馬英九和蔡英文在電視上辯論ECFA，收視率飆上新高點，馬英九的表現遠遠勝過蔡英文，如同預期，多家民調也如實反映。辯論一完，賴幸媛立即打電話給馬英文：「恭喜總統，您講得太好了！實在太精彩了！」這是即時重要的鼓舞、支持與迴響，賴幸媛可以感受到電話另一端馬總統的高興與感動。在馬英九《執政八年回憶錄》書中也記錄了這一段。這是一場至關重要的政策宣導，觀看的民眾太多了，對提升ECFA的支持度很有幫助。

總結經驗，民意是ECFA談判的重要助力，是和對岸談判的籌碼。賴幸媛正面看待與運用民意，她認為社會反彈可以是槓桿，借力使力，形塑對台灣有利的政策，並協助談判達成我方目標。可以看到，ECFA的民調支持度，逐步走高，在二〇〇九年，十六次各界不同的民調顯示，ECFA平均支持度在三五％至四五％左右；到了二〇一〇年前幾個月，不同民調上升到平均四五％至五五％左右，簽署協議時超過六〇％，到早收清單落實後，民調支持度已到七〇％以上。

蔡英文投入二〇一二年總統大選。二〇一一年一月，早收清單開始實現，民眾的實質獲益被社會看到、感受到，ECFA支持度持續高升的實況下，蔡英文於是否定自己過去說法，告訴選民，她選上後，對ECFA會「概括承受」。昔日蔡英文所說的「糖衣毒藥」，在她二〇一六年如願獲得最高位後，當政至今面不改色，依然將「毒藥」捧在嘴裡舔著不放，戒不掉「毒癮」。

賴幸媛認為，陸委會密集、巨量而有效的社會溝通和宣導，最終達成的協議內容使得民眾實質獲益，民眾極擔憂的問題並沒有發生；以及國會實質審議ECFA協議得以順利通過等，是ECFA最後能夠「逆轉勝」的關鍵因素。

團隊協商紀律

談判紀律是我方比較頭痛的問題。曾經失控，也增加許多雙方協商難度。或許是基於過去對外談判之經驗和慣性，或是基於必須因應媒體新聞量的需求，自二〇〇九年十月，雙方還在ECFA非正式意見交換或非正式協商的階段，經濟部談判官員就會不時主動向媒體披露兩岸協商雙方還未定之事宜，例如釋放協商日期等，因此造成確切舉行日期不斷被延後，影響了行政團隊的形象和信用。到了二〇一〇年一月初，更常對媒體放話，宛如不受控的自走砲。媒體廣泛報導引述經濟部官員之發言，談及已經確定之協商日期、早收清單我方的貿品和服務業的相關規劃，以及我方的立場與想法，甚至要仿效國際間FTA協商，將談判層級拉高到經濟部次長等等。

問題是，兩岸ECFA進入協商，八字根本還沒一撇，我方連政府內部程序都還沒有走完。由於高層還未裁定第一次正式協商的規劃方案，因此陸委會也還未正式授權給海基會，與對岸海協會進行確認雙方的時程和協商議程，但經濟部官員的放話卻持續兩個禮拜。陸委會必須重視政府整體兩岸協商團隊的談判紀律，堅持談判過程中該嚴守保密的部分就不應對外揭露，否則將會非常不利於兩岸協商的進行，對我方的談判爭取也會相當不利。

當兩岸進入正式協商的階段後，涉及雙方互動的部分，本應相互尊重，建立基本互信，雙方尚未確定的事項，不應該公諸媒體，避免造成困擾；特別是，竟然有報導大談經濟部草擬的部分清單項目和細節想法，等於提供給對手先期的談判資訊來對付我方。陸委會即時警覺，委請經濟部高層督管處理，但效果沒有顯現，陸委會覺得很頭痛。果真，陸方抗議過來了，透過海協、海基管道，明確表達「貴方放話太多，要低調」、「不要次長級協商」。陸方覺得很不受尊重，充滿各種疑慮，乾脆將第一次正式協商日期往後延了。

「團隊協商紀律」是談判的ＡＢＣ，是任何談判者應該都懂的基本常識。由於同時要面對國內和兩岸的戰場，ＥＣＦＡ談判的挑戰非常巨大，能否順利完成協商的不確定因素實在太多，陸委會關切政府內部談判紀律的維護。為了補救狀況，一月中旬，在兩岸小組建議，針對兩岸協商ＥＣＦＡ的具體進度和敏感事項，政府內部的對外發言必須建立內部管控機制，對外相關說法應該事前先作內部橫向連繫協調，並指定發言人，未被授權發言者應保持緘默，若有不守紀律者，應該嚴處。高層很重視，並裁示同意陸委會建議，要求發言分寸要統一定調。但政府內部發言機制雖然設立起來，內部紀律的建立卻無法立竿見影，不時仍顯現鬆散。

到了三月底四月初，在台灣舉行ＥＣＦＡ的第二次正式協商時，媒體想當然耳有大量報導的需求，經濟部主談代表樂於配合，「大顯神通」，將我方談判高層仍未定案的重要內容及許多相關細節，先行透過媒體披露。經濟部官員以為「先講先贏」，這種做法不僅對談判非常不利，也對我方造成更大的壓力，等於送給對方籌碼，自陷談判困境。其他金融單位官員針對服務業尚未談判、未定案的談法，也被媒體廣泛引述。政府官員的失誤與不當發言，經媒體大幅報導，馬上引起社會各界和反對黨的大聲質疑和批判，不僅加深各界疑慮，更嚴重損及政府的威信，也影響雙方互動。在第二次正式協商的前幾天，經濟部官員對ＥＣＦＡ主文和早收內容的對外說法，竟然再一次重複表述一年多前經濟部對外的說法，即是「ＣＥＣＡ加一的ＦＴＡ」。完全失控，無視於高層早就對社會定調的「ＥＣＦＡ不是ＦＴＡ」。

陸委會認為問題很嚴重，立即採取行動，利用第二次正式協商在我方舉行的主場優勢，連續幾大透過媒體作出重要的新聞處理，設法管控內部發言失序，導正政府整體的發言基調，並由發言人在記者會主動對外說明解釋，回到ＥＣＦＡ不是「大而全面的ＦＴＡ」。在四月一日第二次正式協商結束後，並安排賴幸媛接受幾家重要報紙的專訪，及《三立》和《ＴＶＢＳ》的電視專訪，為第二次正式協商成果定調，及時化解各界疑慮，爭取民眾對未來進一步協商的支持。

陸委會的即時重新定調有了效果，國台辦隨之相當程度地公開呼應我方政府長期以來對ＥＣＦＡ的主張與立場，顯然對方也同樣不願意狀況失控。但是國台辦私下也抱怨連連，指我方頻頻向媒體洩露不實消息，為此感到很困擾；對方的商務部門甚至明白向我方表達，這種狀況不改善，無法繼續協商。

國台辦私下抱怨，指我方頻頻向媒體洩露消息，為此感到困擾。

不只是ＥＣＦＡ談判的紀律不佳，同時也在進行協商的智慧財產權協議，我方智財局主管主談者很大方亂給媒體訊息的作風，也引起對岸極大的不滿和抗議。我方高層當然生氣，不得不針對狀況提出警告，並請政風單位查處。但協商內容遭不當洩密，紀律不佳的狀況，一直到ＥＣＦＡ簽署時都不同程度地發生中。陸委會搖頭。最高層還請國安會秘書長胡為真召集會議，邀相關部會與會，處理這個頭痛的紀律問題。胡為真要求經濟部幾位主談者：「總統的指示，一定要好好執行。總統的話不能只當參考。官員面對記者講話要特別小心，不能再出現像前天這麼觸目驚心嚴重的洩露事情了，○○○的說法，是怎樣出去的？總統很在意。」一身為國安會秘書長的胡為真僅能道德勸說！

走在十字路口的ＥＣＦＡ

近來，中國大陸商務部對台灣提出貿易壁壘調查，及研究終止ＥＣＦＡ以示對台灣制裁。賴幸媛指出，若單方終止了ＥＣＦＡ，顯然這是一種政治性的處理方式。雖然ＥＣＦＡ主文有終止條款的相關規範，但ＥＣＦＡ不應被任何一方政府單方終止，因為雙方政府都應該保留空間給未來兩岸可以再進行制度化協商的機會。台灣政府是民選的體制，不可能一黨永遠執政，畢竟大多數兩岸人民都希望建構和平穩健的兩岸關係。至於怎麼去建構和落實，則需要「雙方」政府有智慧、有策略、有方法、有耐心的去面對和處理，任何負責任的政府都應該真正站在人民的立場和站在歷史的角度來對待兩岸關係。

賴幸媛表示，根據ＷＴＯ的精神和原則，本來兩造之間的經濟協定，對於雙邊貿易市場的開放程度就是透過雙方自己去協商出來的，沒有任何硬性規定必須達到多少的開放範圍或程度，ＷＴＯ會員之間相互簽的雙邊ＦＴＡ，有不少甚至都未達到五○%。中國自二○○一年底加入ＷＴＯ以來，就是ＷＴＯ體制運作的優等生，甚至比歐美許多國家還精通專業，為了自己國家的發展，將所有ＷＴＯ的貿易措施運用到爐火純青的地步；中國商務部的專家們一定都清楚，兩岸貿易市場的開放程度就是需要透過雙方政府去協商的。「兩岸制度化協商」才是真正解決之道。造成目前全面斷裂狀態中的兩岸制度化協商機制，雙方都有責任。

賴幸媛指出，協議文本放「終止條款」，其實是我方提出的要求。由於從二〇〇九年初開始，台灣社會反對ECFA之聲浪沒有停止，當時就有學者反應，協議應該明定終止條款，時至二〇一〇年正式協商啟動，行政部門分階段密集向國會報告ECFA協商進程時，立法院要求行政部門必須在協議訂定終止條款，以消除社會不安。因為質疑者、反對者擔心我方談判出來的ECFA，最終可能變成了FTA，是大而全面開放的自由化貿易，那就是兩岸「一中市場」，會對國內經濟和政治產生嚴重不利的影響，屆時若發生，我方應該要有機會終止。民進黨主席蔡英文更在二〇一〇年二月表示，她已指示民進黨政策會要去研議「煞車機制」，要求ECFA必須設立「終止條款」。民進黨強力批判，不能不訂終止條款。其實，政府部門早於一年前，於二〇〇九年三月，就已經對外清楚表示我方將在未來的協商中爭取納入「終止條款」的規範。

為了化解ECFA與FTA連結的爭議，爭取提高ECFA的國內支持度，談判團隊納入民意，我方在協商時堅持主張應參照一般國際經濟協定之做法，明定終止條款。其實「終止條款」並不是陸方原先之主張，陸方草擬的協商文本並沒有終止條文，並且還曾經相當排斥終止條款，質疑我方有不願落實的動機。當協商接近後面階段時，我方說服陸方，同意在ＥＣＦＡ協議文本放入「終止條款」，大陸因為對台灣民意有所體察而靠攏，透過談判的優點就是，雙方有機會務實溝通和解決問題。由於政府早已經公開宣示會在ＥＣＦＡ爭取列入終止條款，因此若不能納入，可預見將會衍生政治風波。ＥＣＦＡ是二〇〇八年到二〇一六年馬政府執政期間，立法院通過生效的二十一項兩岸協議中，唯一訂定終止條款的。

後來ＥＣＦＡ之早收清單生效執行後，實際數據證明了對經濟有利，中小企業、農漁民獲利，部分大企業也獲益，農漁產品沒有進一步開放、大陸勞工沒有進來。兩岸透過「官員對官員」、「機制對機制」一步一步的將經貿關係制度化，試圖理性地用制度來處理和解決人民的問題，ＥＣＦＡ設立「兩岸經合會」的制度，來檢討協處未來落實過程中可能出現的問題。後來在ＥＣＦＡ後續的「投保協議」上，也制定了保障投資的多元制度化處理機制。ＥＣＦＡ並沒有讓台灣主權矮化或淪喪，事實上它和主權議題根本沒有關係，不是當時蔡英文控訴的「糖衣毒藥」，更不是蔡英文扭曲的「是喪權辱國的不對稱條約」。

時至今日，很諷刺的是，當時扭曲ＥＣＦＡ、反對ＥＣＦＡ、痛打ＥＣＦＡ最強勢力的反對黨，重返執政後，卻不敢廢掉ＥＣＦＡ，針對目前大陸有可能單方啟動終止ＥＣＦＡ協議，反而一籌莫展、束手無策。

第八章

告別「中華旅行社」

交涉「台港小兩會」成立的過程中，台港雙方官員經常接觸，我方清楚了港方的想法，想要在台設立「綜合性辦事機構」。賴幸媛認為這是絕佳機會，於是鴨子划水，積極部署，設法一步步將我駐香港事務局的對外名稱「正名」，並且要提升我駐香港事務局的地位和功能……

蔡政府治理下的台灣駐香港機構，罹患了「漸凍症」，而且病情急劇惡化。陸委會「新任」駐港局局長盧長水從二〇一八年七月至今，派不出去，耽擱已超過五年；原本陸委會駐港機構的官員陸續因工作簽證到期，接連離開崗位返台，但接任的派駐官員卻無法到香港上任。蔡政府無技可施、雙手一攤，使得台灣駐香港機構與相關事務的推動，等於送入加護病房，嚴重到成「植物人」的程度。

「中華旅行社」不倫不類

我國派駐香港機構的前身，原本有個不倫不類的名字——「中華旅行社」。這個名稱從一九六六年以來就對外沿用了近半個世紀。我政府駐香港機構在中華民國政府內部的建制名稱，叫陸委會香港事務局，該局的主管是局長。但對外這個機構卻稱為「中華旅行社」，局長名片頭銜印著「總經理」。不明究裡的香港人或台灣人一看到這個招牌，往往會以為是旅行社在賣機票和旅遊行程的商家，根本不會認知到，這是一個來自台灣派駐香港的官方機構。

這家「中華旅行社」，在一九九七年前的港英時期，如同中華民國所有的外館，由外交部統轄管理；當一九九七年香港主權從英國移交給中國大陸成為特別行政區後，我政府香港事務局的管轄就移轉到陸委會，駐港局局長和所有台灣派駐的官員，就改由陸委會派任。很難想像，中華民國的駐港機構，是繼我國駐華府、駐東京外館的第三大的單一外館，館內成員多達百人，形同進入中國大陸的橋梁，業務量龐雜繁重。

香港不只是國際金融中心、自由貿易港，也是兩岸三地的重要交通樞紐。兩岸在二〇〇八年開放直航之前，台灣商人、旅人，返鄉者要去大陸都得在香港轉機。香港也是全球情報中心，扮演中國的對外窗口。台灣諜報人員在香港最致命的一次暗殺行動，就是一九五〇年代「萬隆亞非會議」前夕，台灣特工在印度航空「喀什米爾公主號」上裝置炸彈，準備刺殺中國大陸時任國務院總理周恩來。但因周恩來臨時改變行程、前往緬甸，這起政治空難並未傷及周恩來一根寒毛，但此案已震撼全球。

從一九六〇年代開始，台灣和香港同為東亞四小龍。香港先從製造業起步，後又轉型成為東亞金融中心；而台灣一直以製造業為本。數十年來，台港經貿關係密切，香港過去是台灣外銷出口排名數一數二的地區，台灣銷到中國大陸的產品多半在香港進行轉口貿易。長期以來，台港影視音樂流行文化相互影響。台灣歌手羅大佑的〈東方之珠〉描寫香港，台灣作家施叔青撰寫《香港三部曲》，為香港人所喜愛；港片長期在台灣票房好，成龍的賀歲片都是台灣春節強檔，港星更是台灣娛樂界的寵兒，街頭巷尾家喻戶曉。香港和台灣書同文，都保存華語的精髓——正體文字，港台有某種文化上血脈的牽連；台灣僑生來自香港的最多，因為喜愛台灣就留了下來。即使兩地經貿、娛樂文化、民間社會關係如此活絡，但是，這兩隻小龍的官方關係卻非常疏遠，形同陌路。

> 台、港兩地經貿、娛樂文化、民間社會關係活絡，但是官方關係非常疏遠，形同陌路。

英國政府不承認中華民國，在港英時期，我國人訪港，就備受歧視待遇，例如只准停留四十八小時。香港移交後歧視更加嚴重和多面向。我派駐擔任駐港事務局局長——「中華旅行社總經理」的工作簽證一定受到刁難，一卡就是數月到數年，到任時必須簽一份歧視性限制文件，申明自己不再具有先前之任何官方身分；承諾不得接受媒體採訪、發表公開言論；承諾不會參加任何令香港特區政府「尷尬」的活動；長期來港府官員拒絕和我駐港官員直接打交道，他們看北京臉色辦事，多一事不如少一事。但台灣人在香港總也會發生諸多的急難雜症事宜，需要駐港機構出面處理，但我駐港官員無法交涉，因為沒有官方管道。數十年來我政府透過各種管道反映與要求改善，港府完全置之不理。這是全世界獨一無二的特例。

凡事要向北京請示

由於港府對台事務謹小慎微，凡事得向北京老大哥請示。一九九五年中國前副總理兼外交部部長錢其琛所發表《香港涉台問題基本原則與政策》，簡稱「錢七條」，被港府長期奉為處理台港關係的圭臬；其中第六條規定：「香港特區政府與台灣政府間進行的官方接觸往來、商談、簽署協議和設立機構，必須報請北京批准。」於是港府仰承上意，凡涉台事務，皆上呈請示北京。台港之間就呈現「政冷經熱」與「官冷民熱」的怪異現象。

有次，我前駐港局局長問香港政制及內地事務局局長請教香港當局：「你們為什麼凡事都要問北京？」

香港政制及內地事務局局長說：「一國事務，是沒有兩制的。」

我駐港局局長再問：「什麼是一國，或涉及一國的事務？」

香港政制及內地事務局局長回答：「這個……我們也要問北京。」因此，在港英時期，港府只要涉及台灣事務，就傳真去問英國政府；一九九七年主權移交後，港府就打電話去問北京當局，港府寧可多問挨罵「沒主見」，也要避免被北京怪罪說：「這是一國事務，怎麼沒來問？」

但賴幸媛接任陸委會主委那幾年，台港關係出現破天荒的進展。

二〇一〇年六月三日晚間，賴幸媛以陸委會主委身分低調飛赴香港「視察陸委會外館業務」，其實真正目的，是為當時正在快速改善中的台港關係測水溫，看看現任部長可否到訪香港？當天早上她才突然想到，因為忙於緊鑼密鼓中的ＥＣＦＡ協商等公務，忙到竟忘了告知馬總統和吳院長，才打電話給他們，提及晚上會低調去香港。這是保密的行程，陸委會並沒有對外公開。但不知為何，六月四日，電子媒體竟神通廣大地報導了這個訊息，讓她非常意外。

六月五日，《聯合報》等媒體就用顯著頭版頭條來報導此事，標題稱為「破冰之旅」，破冰是因為台灣從未有現任部長可以去香港。輿論大幅正面的報導，因此當時很受關注。六月五日下午賴幸媛就從香港返台，不論在香港赤鱲角機場或台灣桃園國際機場，都被等待在艙口的許多媒體堵訪，電視媒體一路跟拍。剛好當天晚上馬總統宴請美國來訪的 Dianne Feinstein 等幾位參議員，賴幸媛必須出席，馬總統和其他出席者紛紛恭喜賴幸媛達成破冰之旅，提及這是「重要成就」。

隔（二〇一一）年七月，賴幸媛就去香港為我駐港機構正名揭牌了！「中華旅行社」走入歷史。

聞到改善契機

台港關係開始聞到改善的契機，始於二〇〇八年夏天。在兩岸關係改善的前提下，台港官方開始接觸，雙方也有很高意願想要推進台港關係的實質改善。香港特首曾蔭權於二〇〇八年七月宣布，在港府內部成立「港台商貿委員會」，來展現推動港台經貿合作的決心。顯然，港府不願台港關係的改善落後於兩岸關係。

但該如何進行呢？賴幸媛交付時任副主委的傅棟成進行規劃，她說：「傅棟成思慮縝密，他規劃的方案思慮周延、可行性高。」陸委會提出的規劃案，在兩岸小組得到總統拍板定案。二〇〇九年春天起，台港官方開始就如何設立「台港合作平台」進行溝通，港府的「政制和內地事務局」的秘書長及該局局長應邀來台，跟陸委會官員溝通。

雙方最後共識，這個平台在台灣叫「財團法人台港經濟文化合作策進會」（簡稱策進會），在香港是「港台經濟文化合作協進會」（簡稱協進會），相互對口。這個設計仿效兩岸兩會（海基會、海協會）的方式，類似白手套做法，俗稱是台港之間的「小兩會」。但為利於溝通與協商，陸委會港澳處與「策進會」採取「一套人馬，兩塊招牌」的方式，「策進會」的辦公室約五十坪，就設在陸委會港澳處的隔壁，陸委會重新裝修策進會單獨寬敞的空間，並設置不錯的門面。

台港策進會的董事長，初步鎖定由德高望重的前財政部部長，時任東海大學校長的林振國出任。在傅棟成陪同下，賴幸媛三顧茅廬親自誠懇邀請。林振國是虔誠基督徒，幸運的是，經過一長段時間的禱告後，感應到上帝肯定的旨意，他終於同意接任，為台港關係的改善貢獻心力。二〇一〇年上半年，台港各自積極成立了「策進會」和「協進會」的組織，透過兩個組織平台的「經濟」和「文化」等委員會推進雙方的經貿和文化交流合作，民間業者力量也被引入相關委員會積極推動工作。

交涉「小兩會」成立的過程中，台港雙方官員經常接觸，我方更清楚港方的想法了，即港方想要在台灣設立「綜合性辦事機構」。賴幸媛認為這是絕佳機會，於是鴨子划水，積極部署，就是設法要一步步將我駐香港事務局的對外名稱「正名」，並且要提升我駐港事務局的地位和功能。賴幸媛說：「四十多年來，我政府駐港機構對外叫『中華旅行社』，太侮辱人了！啼笑皆非的處境，此時不改更待何時？我在陸委會內部的Mandate（指令）很明確，但這個案子必須有策略、有方法，很低調地進行。」

四十多年來，
我政府駐港機構對外叫「中華旅行社」，太侮辱人了！

人事布局反映政策走向，首先要找到對的人，安排到對的位置上。二〇〇九年冬天，賴幸媛把擅長經貿談判、沉穩幹練的朱曦，調到港澳處當處長，就是要交付給朱曦執行台港談判的關鍵任務，朱曦充分了解到自己即將承擔的重要任務。賴幸媛認為，朱曦是執行這項艱鉅任務的不二人選。朱曦畢業於倫敦大學政經學院法律碩士，曾任經濟部參事、駐澳洲代表處經濟組組長、經濟部國貿局組長、駐英經濟組商務專員等，有豐富的經貿談判經驗和駐外經驗，擔任駐澳洲代表處經濟組組長六年半期間，成功促成台澳簽署十項經貿協議，在台澳之間沒有邦交的情況下，促成澳洲致贈四十對緝毒犬給台灣，澳洲並派人來台負責教導照護、訓練與繁殖，因此他被稱為「緝毒犬之父」。

安排好朱曦這個重要人事布局後，賴幸媛便按部就班地推展執行相關策略。先是完成了「台港破冰之旅」，成為第一位訪問香港的現任部會首長，二〇一〇年六月三日到五日，在朱曦等人陪同下，前往香港視察陸委會駐香港事務局業務，賴幸媛的「破冰之旅」，對台港關係發展深具指標意義。因為行程已經曝光，回程時，她在香港機場受訪回應時，也進一步釋出善意，歡迎國台辦主任王毅訪台，如果王主任想爬玉山，她會陪同；也願意以陸委會主委身分訪問大陸。

台港各項官方的協商安排，由陸委會港澳處與港府政制及內地事務局對口，展開台港航權談判、國人赴港免簽證、台港金融MOU議題、台港醫療衛生合作、台港互免海運事業所得稅協議等。其中最重要的，在我方是：駐港機構更名及提升駐港機構的功能與地位；在港方則是：香港在台灣設立綜合性辦事機構。二〇一〇年十月，香港特首曾蔭權在其施政報告中還公開表示，希望在台灣設立「綜合性辦事機構」。

港方高層的重視，讓賴幸媛判斷，這給了我方爭取駐港機構「正名」的更大籌碼。但正名、和地位功能待遇提升之談判，陸委會不曾對外公開過。因為台、港、大陸三方關係錯綜複雜，她認為，越是低調，越能達成她所設定的任務目標。

二〇一〇年八月底，台港小兩會首次聯席會議正式啟動，第一次在台北舉行。港方來台最高代表是港府的第三把手、財政司長曾俊華，他到陸委會拜會賴幸媛，這是香港部長級官員進入陸委會的「破天荒」之行，賴幸媛利用這個機會，正式向曾俊華提出，台港雙方必須共同努力促成：我駐港機構改名、提升我駐港機構地位功能的提升，以及香港來台設置綜合性辦事機構。雙方有了共識，於是正式啟動了台港政府諮商。

曾俊華也拜會了其他政府首長，經濟部部長施顏祥和文建會主委盛治仁，吳敦義院長也在行政院接見了曾俊華。同時，小兩會共同舉辦的經貿、科技、文化論壇和對話，在台北熱烈展開討論，台港雙方業者擁躍參與。

香港方面，此時也在帶風向。時任陸委會駐港局局長楊家駿跟香港中聯辦台灣事務局局長唐怡源密集溝通，楊家駿還在二〇一〇年接受香港《亞洲週刊》專訪時表示：「台港關係不能落後兩岸關係。」先帶風向試水溫，尋求突破空間。楊家駿事後表示：「港府做任何事需要給一個說法，說法要讓他們覺得有道理，不要冀望讓他們自己參透，因為他們謹小慎微。那時港府想要來台灣設綜合性辦事處，氛圍正在醞釀。」這個專訪也是重大突破，因為港府向來不允許「中華旅行社」接受媒體採訪。

機構正名和功能提升的官方談判，由我方陸委會港澳處對上港方的政制及內地事務局，雙方團隊協商了九個月，來來回回談了十幾個回合，冗長而艱辛。賴幸媛說：「整個談判，由我方設定議程，在我方的議程框架下，主導談判之節奏和進行。」她說：「朱曦的談判風格很有戰略耐心，不厭其煩一再分析，引領對方向我方靠攏，手腕溫和、立場堅定。」在賴幸媛授權「不惜破局」的邊緣策略下，朱曦設法達成我方最高目標。他說：「那時候跟港府談了十多次，花了很大力氣，綁住香港想來台設辦事處，也小小的運用了香港與澳門之間的競爭關係。」

陸委會團隊達成了談判的總目標，卸下了「中華旅行社」的招牌，在最後一刻，港方同意我方更名為「台北經濟文化辦事處」，香港的駐台機構為「香港經濟貿易文化辦事處」。若以國運籤來比喻，形同拿到了上上簽。賴幸媛高興地說：「名稱上的角力特別困難，到最後才拿到我方所期待的，這跟台灣一百多個駐外館的名稱一致，達到陸委會設定的目標。」

二〇一一年六月下旬，台港雙方達成重要共識，終於突破了最困難及僵持不下的部分後，雙方商定在七月四日分別在香港和台北兩地同時召開記者會，對外同時公布雙方達成的協商結果。但在這之前，雙方同意要遵守保密不對外公開。賴幸媛說：「當時可以明顯感受到，不僅我方高興，港方也為此成果感到高興，對於推進港台關係的大躍進，雙方同感與有榮焉。」

大勢底定後，就在台港雙方即將對外公布的前幾天，賴幸媛於六月底在兩岸小組第一次報告陸委會默默進行多時的中華旅行社「正名案」和我駐澳門機構更名案、及我駐香港、駐澳門機構功能提升等所得到的談判結果。與會高層驚喜、興奮。馬總統認為：「這是石破天驚的突破」；蕭副總統說：「再也談不出比這個更好的結果了」；吳院長非常興奮，為此事讚賞不已。陸委會進行的「更名」談判，高層之前並不知情。陸委會鴨子划水的目的，是為了最終達成我方預先設定的最好目標。數十年來，我駐港機構更名、提升我駐港機構地位、功能與待遇，一直被各界認為是不可能的任務。

七月中旬，賴幸媛動身前赴香港掛牌之前，攻佔了《中國時報》、《聯合報》等各大報的頭版頭，都是台灣駐香港機構正名為「台北經濟文化辦事處」，且香港也將在台北設立同性質的綜合性辦事機構的訊息。四十五年來，台灣在香港以「中華旅行社」為名的機構終於走入歷史，社會輿論為之譁然。一直給台灣穿小鞋的港府，竟然放開了手腳，給予台灣政府高規格待遇！

獲得高規格待遇

賴幸媛第二次前往香港的破冰之行，再度成了首位赴港的現任部長。賴幸媛風光主持我駐港機構的掛牌儀式，負責對台事務的「政制及內地事務局」局長林瑞麟，親自到碼頭迎接賴幸媛一行來訪，賴幸媛前一天先去澳門，為我駐澳門外館更名揭牌，再搭渡輪到香港。經賴幸媛之破冰行，後來副主委劉德勳、高長、趙建民、處長吳美紅等前往香港，也都走外交通關的禮遇通道和使用政府貴賓室，我政府其他部會首長、次長，也都比照。

那一天，當賴幸媛揭開了紅色布幕，亮出了「台北經濟文化辦事處」招牌，時任中華旅行社總經理的楊家駿，身分旋即變成了台北經濟文化辦事處的處長，脫掉了那個詭異可笑的頭銜。楊家駿記憶猶新，當時揭牌那一刻，許多現場觀禮的香港僑胞感動到潸然淚下：「四十五年來，不曾這麼有尊嚴過！」連親綠批馬政府不遺餘力的《自由時報》亦大篇幅正面報導。揭牌現場被媒體擠爆。

駐港機構正名和地位功能待遇之提升，是一個重大變革，象徵了台港關係的大躍進。我方談判的重要成果，除了成功正名，還包括：

——駐港機構的地位明確化。原本「中華旅行社」在香港地位不明。既不是公司行號，也不是民間團體，更不是正式使領館，因此在香港並沒有任何登記或保障。港府同意由政制及內地事務局以正式公文方式確認我駐港機構「台北經濟文化辦事處」存在之事實。

——建立官方直接接觸溝通管道。我駐港官員從此與港府各相關主管機關直接聯繫，港府各主管機關提供適當層級官員作為與我方聯絡之窗口。

——取消我派駐機構人數的員額限制。有需要就可增加，人員編制可視需要而擴大。

——提供我駐館官員準用外交領事人員之禮遇安排。如：官員免徵薪俸稅；官員和眷屬免收簽證手續費；可在機場及港口禁區接送我方重要官員或貴賓；我高層官員或重要貴賓抵境或離境時，在機場和港口都可以使用外交禮遇通道和設施；給予官員和眷屬合理的居留期限；任何其他便利工作之安排，依互惠互利原則，隨時都可以商議。

——經濟部派駐香港的「遠東貿易中心」，以及新聞局派駐香港的「光華新聞文化中心」，也納入我駐香港辦事處之範圍，合署辦公，以「台北經濟文化辦事處商務組」和「台北經濟文化辦事處新聞組」的正式名稱，對外執行業務，有利於我涉港業務之整合推動，也彰顯政府駐港機構的整體官方代表性。派駐官員也一體適用準涉外人員的便利禮遇安排。但這兩個單位原先登記之公司名稱，因運作已久，為了方便業務，香港同意我方這兩個公司名稱仍可保留。其他我政府部門派駐的官員，如觀光局、移民署等，也都一體適用準涉外人員的各種禮遇安排。

——同意我駐館官員可以探監。其實，台灣在香港三十一個拘留所服刑的民眾為數不少，男女都有，多半與吸毒、運毒相關。甚至還曾發生過悲劇，如陳竹男被獄卒毆打致死，我駐港官員無法進去協處。香港是行政特區，根據《維也納公約》的領事裁判權規定，領事探視權屬於「國家」，香港沒有這項同意權。由於在港服刑的許多台灣民眾有被探視的需要，基於人道考量，港府同意以行政處理的方式行文給三十一個拘留所，只要事先約好，我駐港官員便可以探視服刑的台灣民眾。

——同樣重要的是，給予台灣民眾赴香港免簽證，這個政策也是很大的進步，因為每年到香港的台灣人非常多，不是每個人都有台胞證。從此，只要自己上網登記一下，表示要去香港，就可以直接出發。港府還派兩位專人在機場專門服務台灣到訪的旅客。這項免簽待遇，為每位赴港台人省下了每次一千八百元的簽證費。

歷任「光華新聞文化中心」主任拿到工作簽證的時間，可說是側面觀察台港關係熱絡度的溫度計。民進黨執政時期的作家平路，香港工作簽證等了十一個月，馬英九上台後首位主任羅智成等了六個月，而接續的張曼娟僅約一個月，就拿到工作簽證，顯示台港關係漸入佳境。繼作家平路、羅智成之後，賴幸媛特別邀請東吳大學教授、作家張曼娟出任香港光華新聞文化中心主任。賴幸媛說：「張曼娟曾任香港中文大學客座教授，她的文學作品廣受香港讀者喜愛，在香港知名度高、受歡迎，很具文化層面的代表性，由她來擔任該職務，能對台港關係有很大加分。」

對於在香港的台灣人來說，駐港機構改名，在心理上感到與有榮焉。亞太台商聯合總會執行長胡卓君說，原本「中華旅行社」的名稱，名實不符、不三不四。他說，雖然在港台商和台僑不太需要駐地單位的保護，因為香港是成熟法治的社會，但對在港台人來說，台灣駐港機構正名為「台北經濟文化辦事處」，令僑民在心理上就很高興，就有榮譽感。

曾任台北經濟文化辦事處前代理處長高銘村說，因為兩岸關係的改善，以前台港檯面下的事情可以檯面化，進行公開處理。台灣駐港辦事處與港府政制內地事務局兩個平台的互動密切，也常就台人在港事務及台港交流事務進行定期會晤討論，對台人（尤其台商）的權益更有保障。此外，駐港辦事處與中國大陸外交部駐港人員也有往來，彼此關係友好，對台商在香港和大陸的生意也有幫助，有助兩岸經貿的發展。

高銘村舉例說，在港台人以台商居多，商會自然就會很多，每個商會逢年過節都會舉辦活動，都會以我駐港辦事處處長作為主賓，對方也不會有意見，大家相安無事，台商也能順利舉辦活動。簡言之，「駐港辦事處就是在港台人的避風港，為台人解決各項

第三，主要議題堅持立場、次要議題彈性處理。如對我港局未來之名稱、功能，及要求香港駐台之綜合性辦事機構須提供之服務內容等，絕不鬆動，但對給予港方派駐人員便利安排等，主動大方釋出善意。

第四，善用港府急於求成的心理，堅持戰略定力、耐心協商。以我方將進入選季，不便處理政治敏感事務為由，將全案處理的截止期限設定在二〇一一年七月上旬，帶給港方巨大時間壓力，進而放棄原有的堅持，逐漸向我方的主張靠攏。

第五，運用港、澳的競爭關係。澳門要求先於香港來台設辦事機構，對港方造成競爭和比較的壓力。

第六，全案鴨子划水，從未聲張，低調進行以減少雜音阻力、以避免降低談判目標的達成和其效果。

第七，運用「胡六點」順水推舟。港府長期受到「錢七條」的制約，與二〇〇八年胡錦濤對台政策的「胡六點」有所相悖，讓香港、澳門特區政府在兩岸交流中有著「邊緣化」隱憂。

四十五年來的重大突破

歷時四十五年的「中華旅行社」走入歷史。馬英九找了賴幸媛在國民黨中常會上報告，公開興奮地說：「賴主委把 Mission Impossible、不可能的任務做到了！」馬英九說，過去台灣駐港代表在去之前，還要簽署切結書，限制許多作為，「說良心話，那些文件看起來，讓人感覺非常不舒服。」然而，現在不光是名稱改變，也包括地位提升、待遇改善、尊嚴保障等實質變化，確實是四十五年來的重大突破。

香港駐館改名完成後，楊家駿的任期剛好屆滿。賴幸媛於是指派朱曦於二〇一二年一月一日接任館長，楊家駿就回台了。朱曦的工作簽證，今天遞件，隔天就拿到，當然他更不需要簽署歧視文件。此後，台港雙方在處理所有公權力事宜，實務上都已由官員主導，不僅經常到港府各機關辦事，還到香港立法會拜會議員、議長。港府官員也到我駐港機構交涉事宜，台港政府關係終於導正了。而朱曦在二〇一一年十二月三十一日，和香港經貿文化辦事處主任梁志仁簽署了業界期待已久的「台港航權」，這是由台港官方直接簽署的協議，是非常大的突破。這是過去所無法想像的事情。

對此，賴幸媛語重心長地說：「當時，可以導正台港政府關係，但社會大眾不會知道背後的奮鬥過程非常艱辛，似乎認為理所當然。而最近這八年，台港政府關係又倒退回原點了。」

馬英九執政時期，兩岸關係快速融冰，台港關係也大幅改善，經過成功談判，台灣派駐香港官員不必再簽署「歧視性特殊文件」，台港雙方建立互信且有默契。然而，到了蔡英文政府時期，才短短幾年，我駐港辦事處一位派駐官員都沒有了，只剩下十幾位在地雇員，辦理簽證業務、文書驗證的功能，服務效率自然大受影響。

高銘村說，「駐港辦事處這座避風港被拆去一大半，功能已然大幅減損。」而且，原本歧視性的限制文件「敗部復活」，成了港府拒絕與台灣政府互動的藉口。蔡政府公開稱之為「一中承諾書」，視之為穿小鞋的屈辱，台港關係惡化到瀕臨決裂，非常諷刺。

賴幸媛說：「兩岸關係改善是前提，是台港關係改善的必要條件，但還不是充分條件。最重要的是為政者必須有企圖心、有遠景、有能力看到改變的契機，進而設定策略，全力以赴達成目標。」她語重心長地說：「兩岸關係、台港關係破壞容易，建立困難，執政者找理由自我推卸責任，太容易了。兩岸關係、台港關係對人民多麼重要！但為政者卻可以假裝沒看到，匪夷所思！」

兩岸關係、台港關係破壞容易，建立困難；
執政者找理由自我推卸責任，則是很容易。

可悲復可嘆的是，蔡政府時期的台港關係，比「中華旅行社時代」還要退步，徒有「台北經濟文化辦事處」的虛名，實質功能都已喪失，無異於殭屍。而香港、澳門駐台北的官方辦事處，也都無限期暫停運作。蔡政府外派官員去不了港澳，聲稱啟動代理機制，主張「堅守到底」，這不過是黔驢技窮的空話，蔡政府甚至還打算變賣在港澳的國有財產，居然動起了出售「澳門國父紀念館」這棟歷史性建築的念頭。

罹患「漸凍症」的我駐港、駐澳辦事處，最終的命運難料，如此苟延殘喘，恐怕遲早會吹起熄燈號。賴幸媛還在擔心說：「我去澳門揭牌時，帶了一株台灣的桂花樹，親自種在國父紀念館門前的庭院，後來據說長得很茂盛好看，不知會不會也被一起賣掉？」

第九章

進入深水區

《兩岸投保協議》是 ECFA 的後續協議，歷經馬拉松談判一波多折，後期捲入鍾鼎邦事件，一度功敗垂成。為什麼這個協議進入「深水區」？經過二〇一六年政黨輪替，兩岸官方對話中斷、協商停擺，但因《兩岸投保協議》保障了廣大台商的財產權、經營權和人身安全，至今仍舊有限運作中……

台灣新光三越和北京華聯集團，合資成立北京最大的新光天地百貨，在二〇〇七年八月底爆發經營權糾紛，新光高層被禁返台、形同軟禁，華聯集團「硬吃坑殺」的行為，引起各界高度關注。隔年的二〇〇八北京奧運也將登場，新光三越又具西進投資的高度象徵性，中共高層不願意破壞其國際形象，加上有保護台商權益的承諾，於是強力介入處理此案，使該事件在九月初簽下共同聲明，投資風波快速落幕。但此案凸顯出，台灣加入ＷＴＯ後，對於大陸投資所面對的風險仍無法降低、控管，猶待做好法制化進程。

台商蜂擁赴陸投資

中國大陸從六四天安門事件後，改革開放政策受到西方國家的外資抵制，一九九二年鄧小平南巡，宣示堅持走改革開放路線，轉而向台灣、香港、新加坡等亞洲四小龍資本尋求投資，吸引了台商大舉西進投資熱潮。從一九九一年至二〇一二年，台商蜂擁赴陸，投資總額高達一一七四億美元，約佔台灣整體對外投資的六三％。再加上經由香港、開曼群島等第三地轉投資，依正式統計赴陸實際投資總額超過一千五百億美元，而依非正式統計，更高達兩千億到三千億美元。當時估計，經常在大陸生活、工作的台商，達百萬人之眾。

台資企業大舉西進投資中國，從傳統產業延伸到電子資訊業，遍地開花，但投資風險隨之大幅攀升。由於大陸是人治社會、法規規範不透明、缺乏法治觀念及商業規範，加上中國大陸的地方保護主義橫行，台商競逐這個投資新樂園，屢傳「被坑」、「被騙」、「被絞殺」的投資爭議案件，求訴無門的台商隨之激增。導致台商赴陸投資比去其他國家存在更多的風險和不確定性。連像新光三越這種大型企業都會遭殃，更何況大多數都是中小企業的其他台商？

在台商積極爭取權利下，大陸國台辦為了解決這個問題，在一九九四年訂定《台灣同胞投資保護法》，但認為該法律訂得不夠周延，到一九九九年再增訂《台灣同胞投資保護法實施細則》，又認為單位層級太低，因此，國台辦在二〇〇五年成立台商投訴協調局，專門處理台商投資的問題與糾紛。然而，台商投資受害案件依然層出不窮，普遍認為對台商保護仍不夠，台商投資受害案件受到外界強烈批判。所以，當兩岸政府在二〇〇八年開始進行制度化協商後，眾多台商把希望寄託在ＥＣＦＡ後續協議的《兩岸投保協議》來規範。

為了保障台商權益，兩岸雙方於二〇一〇年六月底在ECFA協商達成共識之際，便將後續的《兩岸投保協議》列為優先協商的經濟議題。賴幸媛當時的主要對手、國台辦主任王毅，經歷過多項協議後，對於兩岸談判提出示警。二〇一二年八月第八次江陳會談落幕，王毅在北京首都機場迎接海協會長陳雲林率領的談判團隊時，他有感而發地說：「《兩岸投保協議》談判的整個過程表明，兩岸商談正在逐漸進入『深水區』。」進入深水區，成了當時兩岸政商界議論紛紛的熱門話題。

> **《兩岸投保協議》談判的整個過程表明，兩岸商談正在逐漸進入「深水區」。**

「進入深水區」的《兩岸投保協議》，經歷馬拉松式談判，可說是一波多折，這個協議是ECFA的完整拼圖之一，ECFA後續四項重要協議，貨品貿易、服務貿易、投資保障、爭端解決機制中，首先列入談判的重要協議就是「投保協議」。特別的是，《兩岸投保協議》從談判到簽署，花了整整兩年的時間，是在所有兩岸協議中，用了最長時間談判才達成的協議。

這個協議談得特別辛苦，從二〇一〇年九月啟動，到二〇一二年八月簽署，期間經過第六次、第七次江陳會談，兩次會談都沒能簽成，連台商都幾乎不抱希望了。陸方非常期待在第七次江陳會談能達成協議，但我方對當時的協商結果仍很不滿意，持續磋商，第七次江陳會談因此延後了三個多月才舉行，但仍然無法達成。為了不讓外界認為兩岸投保協商瀕臨破局，雙方在第七次江陳天津會談時，共同發表了《兩岸投保協議》階段性協商達成「共同意見」。直到第八次江陳會談，因為雙方仍在艱苦角力中，舉辦時間還從二〇一二年六月延到八月，最後才完成《兩岸投保協議》的簽署，並且共同發表了「人身自由與安全保障共識」。

協議「深水區」，雙方歧異多

為什麼ＥＣＦＡ後續的《兩岸投保協議》談了那麼長的時間？雙方對於《兩岸投保協議》談判有哪些分歧點？為什麼王毅說兩岸協商已進入「深水區」？因為這個協議主要的歧異點非常多，雙方一開始差距就大。賴幸媛分析：

首先，是兩岸雙方對協議的著重點不同，陸方重視「促進雙向投資」，而我方重視

「投資保障」，特別是在人身自由與安全的保障，和建立制度化機制以獲取投資保障。從最初雙方提出的協議名稱可見，陸方是提出《海峽兩岸促進和保護投資協議》，重視促進投資，以促進雙向投資為首，保護投資為次。我方提出《海峽兩岸投資保障協議》，協議名稱沒有「促進」兩字，特別重視投資者的人身自由與安全，和發生投資爭端後的處理機制，主要訴求台商最關切的人身自由與安全保障問題，以及發生問題後如何制度性解決糾紛。

其實，有關台商投資權益保障的問題，早在一九九五年五月第二次辜汪會談的預備性磋商會時，就已將其納入雙方要優先協商之議題，可見其重要；後因李前總統到康乃爾大學演講，辜汪會談因此中斷，台商權益的問題就一直延宕下去，隨著時日演進還更加嚴重。由於台商在大陸投資已逾二十年，對大陸的資本形成、國際貿易、勞動就業、財政稅收等，貢獻很大，我方認為陸方本來就應該要保障台商的投資權益。

賴幸媛表示，陸委會的態度就是爭取台商投資權益保障時，必須要「理直氣壯」、具足談判氣勢。雖然當時台灣已和二十多個國家簽署了投資協定，但陸委會堅持，兩岸協商不僅要考慮國際規範或案例，更要具備兩岸特色，要考慮兩岸特殊的實際現狀和問題，必須據理力爭，說服大陸，才能協助台商，並且建立未來較周延的兩岸經貿關係制度化的處理機制。如此的策略指導原則，得到兩岸小組高層支持。

第二，這項ECFA後續的重要經濟協議，在我方特別重視的人身自由與安全方面，其中之一是要求陸方需要二十四小時內「通知」台商家屬、「通報」機關。兩岸在二〇一〇年九月啟動談判《兩岸投保協議》不久後，根據賴幸媛憶述，二〇一〇年十一月，馬英九在總統府兩岸小組即裁示：「人身安全問題要據理力爭，一定要列入《兩岸投保協議》，否則就『不要簽』。沒有爭取到，就不要簽。」

以「制度化」解決「人治」風險

台商的迫切訴求可以理解，在大陸仍舊充滿人治氛圍的社會中，台商有很多切身之痛。從海基會協處台商申訴案件的統計，也可以看到問題之嚴重，超過五〇%以上的案件都和人身自由與安全有關。陸委會評估，相關統計只是冰山一角，因為受限於大陸的人治環境，台商遭遇權益侵害多半傾向息事寧人，因此，合理推斷實際案例將高出很多。賴幸媛嚴格要求這項談判目標，告訴陸委會同仁：「《兩岸投保協議》的簽署沒有時間表。」一定要有滿意的結論才能簽署。

但是，人身自由與安全並非國際間投資協定的內容，一般國際投資協定範圍僅止於「投資」範疇，還達不到「投資人」的範疇，當時陸方嚴重顧慮，若把這項權利範圍給了台灣，其他國家可能要求比照，因此對此特別困難；而且陸方還不斷強調二十四小時內通知家屬，在大陸不同的公安、法警政系統的執行上困難度很高。因此，陸方不同意人身自由與安全問題在投保協議中以專條及具體表述方式處理。

第三，在徵收補償方面，就公共利益、公平市場價值等之認定方式，陸方以國際上並無通用標準為理由，打算採取模糊處理方式，不願在協議中規範。

第四，《投保協議》在國際上是政府與政府間的協定，但大多數台商望文生義，以為所有私人投資糾紛都能迎刃而解，以為是「萬靈丹」。在爭端解決方面，我方要求明定協議應該包括三類：政府對政府（G—G）、投資人對政府（P—G）、投資人對投資人（P—P）三種排列的投資糾紛處理。根據統計，台商在大陸的經貿糾紛中，有六五％是屬於投資人對投資人（P—P）的糾紛，但中國大陸的許多企業 P，實質上是政府 G 在主導，因此台商希望協議能涵蓋到 P—G 關係，便於日後遇到商務糾紛時，有管道可循。

然而，陸方明確表示，雙方政府間（G—G）若遇爭端，依 ECFA 下的的爭端解決機制處理，並且不得訴諸仲裁。一方投資人與另一方政府間之爭端（P—G），因為涉及中國大陸的《仲裁法》、《行政訴訟法》及《行政覆議法》之修正，茲事體大，可行性很低、難度很大。至於雙方投資人（P—P）的經貿糾紛，不屬於一般國際間各種「投資協定」的規範，陸方因此持保留態度。與此同時，陸方還表示，當時正在修訂的《台灣同胞投資保護法》，在其內部的討論中，已將糾紛當事人可以合意選定仲裁地納入考量，陸方希望以單方的法規做修正即可，藉此回應台商的訴求，而不是放入雙方的投保協議。總言之，也就是說，陸方無意在投保協議文本裡納入我方要求的三種：G—G、P—G、P—P爭端解決之仲裁機制。

但是，賴幸媛表示，爭端解決是投保協議的核心議題，也是台商極為關切的重點，為投保協議是否有成效之關鍵，其重要性不下於人身自由與安全的保護，因此我方很堅持。爭端解決和人身自由與安全保護，是那兩年兩岸投保協商中最困難之部分。我方訴求的目的，就是用「制度化」來解決問題，必須在協議中呈現。

為了與陸方有效交涉，海基會、陸委會和經濟部大量蒐集過去台商受到迫害的案例，和台商面對面溝通，了解詳情，並集結出主要的十大台商實例和分類。加上當時輿論、民意熱烈的關切，和國會及反對黨提出的意見，都是籌碼，我方耐心地據理力爭。

富士康衝擊中國形象

雙方談判時，陸方也有其重要關切，要求協議要列入「企業社會責任」條款，顯然針對鴻海集團（富士康）而來，因為當時富士康接連發生員工跳樓自殺事件，不但有損勞工的權益，而且衝擊中國的國際形象。

所謂「企業社會責任」條款，即指企業在創造利潤的同時，還要承擔對員工、社會和環境的社會責任，包括遵守商業道德、生產安全、職業健康、保護勞動者的權益。尤其，陸方在其所列的五項「企業社會責任」中，明訂「為所雇用的員工提供適當的生活和工作條件，尊重勞工權利及人權」。觀念進步，但我方談判團隊認為，這個「企業社會責任」條款超出一般國際投資協定規範之範圍，而且針對性很強，可視為「富士康條款」，我方不同意將個案放入通案在協議中處理企業社會責任。我方研判，陸方此時提出「富士康條款」可能是政策指示而為，也可能是為了創造談判籌碼，因此，我方建議陸方可透過其內部立法，推動企業社會責任，這樣也可以規範到所有在大陸的投資者，不必專門列進《兩岸投保協議》條文。

協商中，陸方強調要促進投資，認為我方的投資限制太多。陸資來台投資是第三次江陳會談達成的共識，隨後政府在二〇〇九年六月三十日發布「大陸地區人民來台投資許可辦法」、「大陸地區之營利事業在台設立分公司或辦事處許可辦法」後，正式開放陸資來台進行投資。從二〇〇九年六月三十日到二〇一二年六月三十日，三年期間累計，陸資來台投資共計二六七件，金額為二・九七億美元。陸方一再表達因為我方開放投資的項目未能符合陸方期待，對大陸企業不具吸引力。因此，陸方希望透過投保協議內容的協商，來促進雙向投資。

整體而言，由於在大陸的台商人數遠遠超過在台灣的陸商，我方對《兩岸投保協議》的需求度很高；但若陸方執意不靠攏我方的重要關切，我方也不可能勉強簽署，因為效益會有限，簽了等於白簽，這將令台商及社會各界失望，並會飽受批評。因此，我方也需有談不好破局的準備。

賴幸媛說：「投保協議不是萬靈丹，而是非常專業、複雜度很高的經濟和法律協商議題，也牽扯到很多台商實際投資保障的技術性問題，雖然無法全部解決，但希望能做到大部分可以解決。在好的基礎上，未來一步步更加改善。」

這項協議在兩年的協商中，經濟部和陸委會共組的協商團隊和對岸協商團隊進行約十次的正式談判回合，以及雙方官員無數次的面對面非正式諮商溝通，可說相當高密度，倍極辛勞，對岸不同部門組成的協商官員也同樣辛苦；海基會頻密地與台商溝通此案，彙整意見，提供重要參考。雙方政府部門可說卯盡全力的投入。陸委會和國台辦的「管道」，也必須頻繁密集溝通此案，尋求解決之道。當時序進入到二〇一二年後，更顯艱辛。由於陸方涉及的部門多，還有公安相關單位，各執己見，意見整合很費力。賴幸媛請陸委會同仁跟國台辦對口在「管道」中數度建議，盼王毅出面協調整合陸方相關部門，陸委會研判國台辦和胡錦濤都高度期待投保協議能在第八次江陳會談簽署。若簽署不成，被各界認為失敗，有傷北京高層顏面，很沉重。傷害的將不只是台商利益、兩岸經貿往來的進一步制度化，更是兩岸關係向前邁進的動能。

但始料未及的是，正當兩岸緊鑼密鼓談判《投保協議》，接近第八次江陳會談的前夕，出現了一個橫生枝節的變數，即眾所矚目的鍾鼎邦案。原本兩岸雙方談判就卡在台商人身自由與安全，和部分仍在協商中的爭端解決項目，突然又發生了鍾鼎邦案，這個活生生的案例，大大影響到了江陳會談的時程和談判籌碼。

同時保障人身自由與安全

鍾鼎邦是智研科技創辦人，也是法輪功成員，二〇一二年六月十八日遭中共國安單位拘禁。

台灣社會譁然，台灣與國際輿論多方關注，鍾鼎邦事件引發社會對《兩岸投保協議》能否有效保障人身自由與安全的高度質疑。台灣社會輿論要求賴幸媛，在即將登場的江陳會談上接見陳雲林時，提出無條件釋放鍾鼎邦。而當時我方還在交涉要求在《兩岸投保協議》內容中，當台灣人被拘押時必須「通知」家屬，但陸方仍只同意「通報」機關。

賴幸媛當時鐵了心，與幕僚沙盤推演，決定陸委會的營救策略，就是把鍾鼎邦案與《兩岸投保協議》掛鉤，綁在一起談，兩案互為籌碼。因為這項協議是第八次江陳會談的重頭戲，如果協議簽不成，就意謂兩岸關係陷入僵局。我方研判，陸方不會在各方壓力下放人，但倘若兩岸關係僵持難解，面臨的壓力也會相當巨大。

江陳會談從六月底再展延。為了救人，我方必須低調進行，陸委會與國台辦透過「管道」密集溝通鍾案，國台辦慎重以對，態度積極，陸委會要求家屬探視和聘請律師，陸方在七月五日同意鍾鼎邦家屬赴陸探視，還開了特例，同意鍾鼎邦家屬可聘請大陸律師，在七月十一日會見了當事人。

國台辦在大陸是負責總成兩岸關係的牽頭機關，但協調處理大陸內部不同部門，的確需要花不少時間和力氣，特別是國安單位。陸委會同仁透過管道直接向國台辦傳達賴幸媛堅定的意旨：一、希望王毅主任介入協調大陸國安單位；二、鍾鼎邦獲釋，接下來的江陳會談才有舉辦的意義。根據陸委會同仁憶述：賴幸媛態度很硬，如果制度化的江陳會談停辦，將會是兩岸關係的大波瀾，國際矚目。賴幸媛不是虛張聲勢的恐嚇。她說：「國台辦展現善意和誠意，表現積極、強勢、有魄力的協調處理能耐。」

鍾案恰好凸顯人身安全問題，是兩岸需要迫切處理的重要項目，陸委會明確地向對方高層表示，「鍾案若沒有圓滿解決，投保協議談得再好也沒用，枉費兩年來兩岸協商團隊如此耗神耗力、字斟句酌的談判，若鍾案可以圓滿解決，更可以強化投保協議的公信力。」這樣的意見得到陸方正面嚴肅看待。

國台辦協調有成，陸委會與國台辦達成共識，我方獲悉鍾鼎邦即將獲釋。於是，賴幸媛在第八次江陳會談前一天，即八月八日召開記者會說：「相信近期會有積極正面發展。」她沒提時間表，留下弦外之音，這是雙方說好的默契，留給媒體去解讀。《兩岸投保協議》如期在第八次江陳會談在台北簽署。隔了兩天的八月十一日，鍾鼎邦果然獲釋返台。

賴幸媛認為，兩岸兩個機關建立起了可以務實解決問題的管道和經驗，在那幾年，兩個機關透過互動和交手，在對方的眼中建立起了相當程度的公信力與權威。即使在談判場域上，雙方關係之本質必然是競爭和較勁的，但兩個機關也能透過有效溝通以及理解對方處境，而相互靠攏。雙方也都清楚，必須務實的合作控管許多狀況，兩岸關係才能穩健前行，這樣對大家都好。賴幸媛說：「這是兩岸關係良性發展的眉角，願意努力就有機會。」

《兩岸投保協議》經過兩年的長跑，最困難的項目最後也有了重要突破，有了正面的結果。

首先，擴大了「投資人」的定義。把台商經第三地投資進入中國大陸，也納入保護的範圍。除了包括兩岸「直接投資」的企業外，亦將經由第三地「間接投資」的台商包括在內，因為考量到逾半數的台商是經由第三地赴大陸投資，在世界各國簽署的投保協議中，大多不包括「間接投資」。

具兩岸特色的協議

其次，擴大了人身自由與安全保障的範圍。不只保障台商及其經理人，也保障台商的家屬；經由第三地間接投資的台商及相關人員之人身自由與安全也納入保障。將投資人及相關人員的人身自由與安全保障納入兩岸協議的規範，是世界各國簽署的投保協定中所未見的。賴幸媛說，這就是具兩岸特色的協議。

同等重要的是，人身自由與安全保障的基本原則，也被納入協議文本。在《兩岸投保協議》第三條「投資待遇」第二款明訂，落實投資人及「相關人員」的人身自由與安全保障之基本原則：「雙方應加強投資人及相關人員在投資中的人身自由與安全保障，依各自規定的時限履行與人身自由相關的通知義務，完善既有通報機制。」從條文中可知，保障的對象不只是台商本人，包括在內的「相關人員」就是指經理人及台商眷屬。

另外，兩岸共同發表《人身自由與安全保障共識》，這份共識等於是投保協議的「人權專章」。特別以「共識」文件，來揭示落實通知、通報的具體實務做法，明確定出二十四小時的通知期限，以及為家屬探視及律師會見提供便利。如果台商因人身自由受限制，陸方會依規定在二十四小時內通知家屬，若家屬不在大陸，將會通知台商在當地的投資企業，同時並會在《兩岸共打協議》既有的通報機制基礎上，及時通報我方主管機關。相較於國際間依維也納《領事關係公約》，在七天內通報駐當地使領館的規定，《兩岸投保協議》進一步爭取到在通知與通報機制的相關規定，更強化了台商在大陸的人身安全保障。在江陳會談後陳雲林的記者會上，大陸公安部和司法部門的與會人員站在陳雲林後面，也意味大陸公權力對人身自由安全保障背書。

這是所有其他國際投保協定所沒有的規範。我方竟然能就人權議題與陸方達成白紙黑字的共識，那時美國國安官員和其他國家官員非常驚訝，頻頻探問賴幸媛，台灣是如何獲得如此進展。

第三，將商務糾紛（P—P）仲裁機制納入協議範圍，在世界各國簽署的投保協議中，並無P—P，兩岸投保協議納入P—P仲裁機制，比國際間簽署的投保協議更完整，更具有兩岸特色。投資人可選擇以仲裁方式解決，並選擇由兩岸之仲裁機構，例如：台灣的中華民國仲裁協會、中華工程仲裁協會、台灣營建仲裁協會等，由具有專業知識的國際仲裁人士，可以在雙方合意的任何地點進行仲裁程序，投資人並可依相關規定聲請仲裁判斷的認可與執行。

增加四層安全網

至於《兩岸投保協議》與中國大陸《台灣同胞投資保護法》現行法規比較，亦增加了四層安全網：

第一，台商在中國大陸遭限制人身自由起，二十四小時內通知，納入協議之共識文件，也提供家屬探視及律師會見之便利。這不在《台灣同胞投資保護法》的規範內，是一個進步。這也是優於日商、韓商、及所有外商的待遇，外商在中國大陸遭限制人身自由，通常要四天到七天才會接到通知。

第二，明確規定，除了直接徵收外，間接徵收亦要符合基於公共目的、依照規定與正當程序、非歧視性且非任意等徵收要件，並依據協議給予補償。土地及其他資產被徵收是大陸台商經常遭遇的問題，《兩岸投保協議》對於土地及其他資產的徵收要件，要求符合公共目的等基本原則，並按公平市場價值予以補償，以保障投資人的權益。

第三，P—G爭端解決途徑多元化，提供「雙方友好協商」、「投資所在地或其上級協調機制協調」、「投資爭端協處機制協助」、「兩岸投資爭端解決機構調解」，以及「行政救濟或司法程序解決」等五種「制度化」與「多元化」的解決方式。

第四，P—P商務糾紛，只要投資人雙方同意，可選擇兩岸仲裁機構，在兩岸或兩岸之外的任意第三地進行「仲裁」。

台商終於盼到了《投保協議》，他們關注的許多重點都有被納入，雖然無法盡善，但多數台商相當肯定協商的結果。當時的輿情也反應，學界對投保協議持肯定態度居多，認為這項協議可以「事前防範糾紛發生」，會對建制公平的投資環境帶來正面影響。企業界也表達歡迎和肯定這項協議，時任工總理事長許勝雄說：「對台商權益有很高的保障，過去只能在大陸仲裁，協議簽署後，在兩岸都可以仲裁，甚至可以到第三地仲裁。」時任商總理事長張平沼也說：「對於財產的補償有明確規定，必須為了公共目的，才能徵收。對於人身安全的保障，台商若有被傳訊或管制，在協議上規定在二十四小時內要通知家屬和公司。」

《兩岸投保協議》上路十年後的二〇二三年，台商遭遇糾紛時，通常在當地透過台商協會、台辦解決，透過上述管道仍無法處理時，則透過《兩岸投保協議》的行政協處機制進行協處。民進黨政府執政後，台商向經濟部投資處提出在投保協議下行政協處的商務糾紛案例明顯大幅減少，每年降到個位數，不若往年的數十例。但目前經濟部投資處在兩岸投保協議的「執行成果」上還寫道：「透過《兩岸投保協議》之簽署，有助於提升台商投資權益制度化的保障。」

從投保協議二〇一二年簽署後至二〇二三年六月底止，受理台商投資糾紛案共計三五六件，每件均提供法律諮詢服務，其中二〇二件送請陸方窗口協處，送協處糾紛類型以土地使用權五十五件（二七％）最多，其次為徵收補償四十九件（二四％）、行政爭議二十一件（一〇％）、法院程序二十件（一〇％）。協處案件中，以台商主要投資聚集地，如廣東省（三十一件，一六％）、江蘇省（二十一件，一一％）、福建省（二十二件，一一％）、海南省（二十件，一〇％）案件較多。

由此可見，縱使經過二〇一六年政黨輪替，兩岸官方制度化協商機制全面停擺，台商投資糾紛案件之提出因兩岸關係政治環境之轉變，而數量大幅減少，但這個協議仍舊持續在運作。投保協議著重在建立制度，保障廣大台商的財產權、經營權和人身安全，如同賴幸媛當家時所說「門打開、阮顧厝」的施政主軸。「陸委會的角色是『推動者』，也是『把關者』！」賴幸媛解釋，「陸委會需要專業的、具高度政治敏感力、與時俱進地衡量兩岸各種事務的輕重緩急，在進退折衝之間，找到最適合的方法，因此簡單來說，陸委會的工作應總結為八個字：『積極推動、嚴格把關』，這樣更精準。」

王毅當年意有所指的兩岸協商「進入深水區」之言，除了實質反映兩岸在投保協議協商的困難度外，也意指當時中共當局正在醞釀中的一股氛圍，大陸有意推促政治協商。兩岸四年多來在「先易後難、先經後政」的原則下，步步為營。從大陸的角度，兩岸似乎應該要走到政治對話的階段了。

但從台灣的角度，賴幸媛認為：「沒有足夠的兩岸互信和充分的台灣民意支持，兩岸就步入政治協商，必會帶來嚴重的後果，衝擊兩岸關係好不容易建立起來的一點點基礎。」所以，在第八次江陳會談接見陳雲林時，賴幸媛以「社會基礎、民意依歸」公開回應大陸當局有意推促之政治對話、政治協商的想法，也以「人民互信」回應大陸增進「政治互信」的訴求。清楚表達兩岸還沒有 ready。台灣民意疑慮仍深，在基礎不穩下，沒有足夠的條件進入兩岸政治協商，這不僅是賴幸媛對大陸的公開回應，也是對台灣內部的政治喊話。賴幸媛深信，兩岸關係想要「行穩致遠」，就躁進不得。

表：我方受理行政協處機制案件統計（單位：件）

時間	受理案件	商務糾紛（PIP）	行政協處（PIG）
2012年8月-12月	43	12	31
2013年	77	21	56
2014年	60	23	37
2015年	71	40	31
2016年	29	16	13
2017年	14	5	9
2018年	6	0	6
2019年	7	3	4
2020年	11	5	6
2021年	15	11	4
2022年	18	14	4
2023年1月-6月	5	4	1

資料來源：經濟部投資處
製表：林庭瑤

第十章

A-Team

陸委會文官有嚴謹的保密文化和特殊的機關記憶，賴幸媛對他們很有信心，不擔心他們會洩密。「同仁因為可以親自與聞到高層的想法，他們會因此感覺受到重視和得到信賴，過去從來沒有長官會跟他們分享高層機密。」賴幸媛強調：「對內不要搞神秘，保持內部資訊的暢通，授權、信任、支持、鼓勵專業文官，用人不疑，整個團隊才會全力以赴。」

賴幸媛進入陸委會，除了個人秘書陳曉露，沒有帶自己的班底入會，她所用的都是陸委會的原班人馬，且很快形成她所說的「A-Team」（源自美劇《天龍特攻隊》英文片名）。令人吃驚的是，她用最快速度上軌道，開啟全方面的戰鬥（fighting），何以有如此大的韌性與能耐？

賴幸媛坦承自己前半年也沒有完全把握能夠安然度過難關，上任前幾年，每當內閣人事傳出異動，賴幸媛總是第一個被點名的報派人選，但當謎底揭曉，藍營大老又一陣錯愕與失落感。賴幸媛一路披荊斬棘的過程中，協助她熬過最初上任一百八十天的危機邊緣時刻，就是關鍵「鐵四角」——劉德勳、傅棟成、張樹棣和詹志宏。

關鍵「鐵四角」

隨時 on alert（保持警戒），變得格外敏感，賴幸媛從上任開始，每次赴立法院備詢都像戴鋼盔上戰場，準備迎接萬箭齊發，幕僚們更是繃到極點。上午八點十五分，她先跟幕僚團隊開會，八點五十五分要跨到對街，準時抵達立法院。沿路媒體緊迫盯人，麥克風與機器隨侍在側，媒體和藍綠立委虎視眈眈，等著抓她把柄、看她好戲，內政委員會成為當時最熱門的委員會。每次她備詢，內政委員會就塞爆媒體記者和攝影機，裝不下，外溢到走廊上。她是當時內閣最受矚目的焦點，其他閣員戲稱，有她當「苦主」，他們都很輕鬆。

每天早上用三十分鐘與核心幕僚開個小會。她會在前一天晚上就把各局處幕僚準備給她的上百題上百頁的資料消化吸收，一早再和「鐵四角」討論，做更準確的掌握，評估她會碰到的狀況。出門前，聯絡處同仁已經告知她，他們所蒐集到的立委質詢稿和媒體題庫，賴幸媛心中已有數。她說，這樣才能「耳聰目明」。

賴很快會抓到政策的箇中精髓，並且在備詢台上即興發揮，又不會說錯，條理清晰，態度誠懇堅定，藍營內政委員會召集人吳育昇曾說：「賴幸媛敢於應戰，舉重若輕，應付自如，要找到她的把柄，不容易。」

受惠於過去立院質詢經驗，她深知立委的「眉角」所在，他們需要在鏡頭前「表演」，得到曝光。面對千奇百怪的戲謔、譏諷、調侃，乃至於謾罵的質詢，她不畏戰也不怯戰，保持笑容，不被激怒，沉穩捍衛政策。她認為「政務官一定要維護尊嚴，呈現專業、展現魄力」。賴幸媛琢磨領悟到的心得是：「必須少出錯，寧可被批跳針，不要被找到攻擊點，少出錯並不意謂著不做事，而是要做最好的準備，積極任事，才能帶領好整個團隊。」

> **必須少出錯，寧可被批跳針，不要被找到攻擊點，少出錯不意謂著不做事，而是要做最好的準備，積極任事，才能帶領好整個團隊。**

為了強化氣勢，賴幸媛連服裝儀容都大幅調整了。她花了很多置裝費，找到符合自己風格的正式服裝，穿上她過去拒穿的高跟鞋，雖然她本來就滿高的，但她說，這樣站在備詢台或演講台上，就會有「高出來的感覺」，自然就會挺起胸膛，「氣勢十足」。

與此同時，賴幸媛更扮演陸委會與府院之間重要的Hub（樞紐）。從一上任，每個星期一，馬總統的「兩岸小組」開會討論的議題很多元，陸委會依法定職權，必須統籌、協調、綜整、推動、管理政府的大陸政策和兩岸關係的發展，是馬總統主政下最重要的兩岸事務單位。陸委會要排定議程，要擬定政策提出說明，要評估可行性，要協調各部會，在推動政策過程既要掌握進度，又要檢討缺失。陸委會是兩岸的頭腦、心臟，也是四肢。

賴幸媛事前會做好幕僚工作，並將報告提到「兩岸小組」討論，請馬總統裁示。每次兩岸小組開完會後，賴幸媛就會立刻召集內部會議，找來與該次個別議題有關的局處長，以及特任副主委和帶領該議題的副主委及主秘，充分如實轉述「兩岸小組」每位與會者的現場意見和評論、以及賴幸媛的現場觀察，和馬總統最後的裁示，她要求必須做好會議紀錄，以便落實執行和追蹤進度。

賴幸媛認為這是「關鍵工作方法」，陸委會團隊因此能夠迅速掌握馬總統的大陸政策方針，穩健調整並推動新政府的兩岸政策，因為內部團隊可以迅速得到充分資訊，大家認知趨向一致，掌握了總統的思考方向，可以幫助做第一手判斷，對幕僚作業的品質及工作效率，都大為精進。

由於陸委會文官有嚴謹的保密文化和保密訓練，賴幸媛對他們很有信心，不擔心他們會洩密。賴幸媛認為，「這樣做，同仁因為可以親自與聞到高層的想法，他們會因此感覺受到重視和得到信賴，過去從來沒有長官會跟他們分享高層機密。」賴幸媛說：「對內不要搞神秘，保持內部資訊的暢通，授權、信任、支持、鼓勵專業文官，用人不疑，整個團隊才會全力以赴。」

拚命三郎詹志宏

所幸有詹志宏最初期的協助引領，賴幸媛才沒有迷路。賴幸媛主掌陸委會之初，只認識詹志宏一人，兩人是在陳水扁時代國安會開會時認識，那是關於APEC相關的會議。詹志宏從陸委會主任秘書提前退休後，轉戰到「台灣戰略模擬學會」，這個學會是由賴幸媛與張榮豐所共同創辦，賴幸媛知道詹志宏是老陸委會人，因此央請詹志宏幫忙。

詹志宏綽號「阿義」，二話不說，應允襄助。「阿義」源自布袋戲中的角色，描述一位「兩肋插刀」講義氣的人物。詹志宏的義氣，不只在朋友之間，連工作時也是義無反顧，宛如拚命三郎。在當年劫機潮時代，他曾在負責遣返作業時，不顧自身安危，被大陸劫機犯劃傷脖子。

一到陸委會，賴幸媛得到詹志宏極大的幫助，因為詹是陸委會創會元老，從掛牌時就入會工作，經歷過兩岸之間的重要協商，主導過台港航權、兩岸包機等協商。詹很熟悉會裡的內部人事與兩岸政策，又是長於思考、富謀略的智多星，為人謹慎低調、內斂不居功，對待同仁寬厚又善於培養他們的工作能力。

賴幸媛邀請詹志宏接任副主委，但詹志宏不想當官，純粹是基於他對推動兩岸關係的良性發展，有著濃厚的歷史責任感與使命感，所以他以陸委會正式的諮詢委員身分，在主委辦公室協助賴幸媛與陸委會迅速接軌。

賴幸媛透露，「我向馬總統推薦要用的兩位副主委——劉德勳和傅棟成，就是來自詹志宏的建議。」另一位副主委張良任，則是馬英九留學時代的老友，是陸委會久任的文官，當過駐港代表，嫻熟兩岸事務。賴幸媛上任後，與張良任形成良好的共事關係，但張良任未待多久就被調去接國防部副部長。

對於解讀中共動向，詹志宏的政治嗅覺猶如擁有敏銳的「雷達」。馬政府上台前，國民黨主席吳伯雄與中共領導人胡錦濤會面時，詹志宏看到胡錦濤的公開談話，興奮地吶喊：「要談了！要談了！」因為詹志宏從《新華社》報導胡的談話中，預見了海基海協兩會將重啟協商，不久後，果然就舉行首次「江陳會談」。詹志宏私下也常感嘆說：「陳水扁把兩岸關係玩掛了。」

首次江陳會談，簽署了「陸客來台觀光」和「包機直航」兩個攸關民生的重要協議，根據詹志宏的說法，那時兩岸都已談好了大部分協議細節，但陸方遲遲不願把這些政策「大禮」送給陳水扁政府，硬是擱在倉庫裡。而是直到馬英九上台，才從倉庫裡搬了出來，把協議重新包裝成兩件大賀禮。而賴幸媛在傅棟成和詹志宏的襄佐下，從對岸手中抱回了這兩份大禮。

始料未及的是，詹志宏一直是國安會高層的眼中釘，欲拔之而後快。反對詹志宏待在陸委會的說法是，詹志宏是蔡英文的小學同學，蔡英文擔任陸委會主委時，詹志宏是陸委會的企劃處處長，兩人關係近，不適宜在馬政府任職。但背後真正原因是——國安會高層因為暫時移不走賴幸媛，就先設法一個一個拔走她身旁的得力助手。在馬英九《八年執政回憶錄》裡寫到，這位國安會高層不諱言，反對賴幸媛在陸委會的位置上。

賴幸媛很不以為然，也很難過。詹志宏理解政壇是非，堅決請辭走人。在關鍵時刻無私地協助賴幸媛八個月後，詹志宏的棒子交給了施威全。

兩岸活字典劉德勳

賴幸媛「男人幫」的頭號重要幕僚——陸委會特任副主委兼發言人劉德勳。劉德勳縱橫兩岸戰場二十多年，對兩岸協議和法規如數家珍，任何有關兩岸政策的疑難雜症，他都可以如庖丁解牛拆解說明，宛如兩岸事務的一本活字典。「劉副」當發言人擅長的是，跟媒體記者講了老半天，談的內容頭頭是道，卻讓記者下不了標題。但當媒體記者表達不滿時，他又化身成為冷面笑匠，官式言談中夾藏了冷笑話，讓記者們捧腹大笑，既愛又恨，卻又莫可奈何。

劉德勳還是出了名的活菩薩，喜愛收養流浪貓狗。賴幸媛在國安會時，因為要發展台紐FTA而結識了紐西蘭駐台大使，大使夫婦返國前留下了四隻狗。她問時任國安會諮詢委員林中斌，林中斌引薦了這一位活菩薩。賴幸媛打了一通電話求救，劉德勳就收容了這四隻狗。其實不只劉德勳一人，劉家所有人都熱愛流浪貓狗，為了收容送養小動物，全家還輪流換班值勤，由於流浪動物多有宿疾，劉德勳因此還成了業餘的獸醫師，而劉家的小女兒則擁有一種特殊的第六感：能感知到流浪貓狗。

在賴幸媛眼中，劉德勳為人正直仁厚、事理分寸拿捏精準，法律素養和法政專業一流，沉穩幹練的作風深受信任和敬重。賴幸媛認為其格局風範堪稱「國之大臣」。劉德勳接下「德立管道」，在管道的表現稱職，與鄭立中的溝通精準有效，屢屢化解雙方歧見，建立起了賴幸媛直通國台辦主任王毅的重要管道。劉德勳協助賴幸媛完成十八項兩岸協議，是賴幸媛的左膀右臂，更是解決兩岸問題的高手。

另一方面，兩岸大交流而衍生出諸種亂象，這涉及雙方政商勢力的相互較勁，當時各界爭先恐後想搭上兩岸開放的這艘大船，民意感受強烈、批評連連，很多是事實，但有的被誇大和扭曲。賴幸媛非常重視交流秩序的維護和管理，強調配套措施一定要落實，兩岸關係才能得到民意長久的支持。劉德勳要承擔兩岸交流秩序的大任，領軍各部會，因此必須擋下許多不當或違法的交流，以致常常遭到雙方勢力公開或私下抱怨「保守」、「擋路」，甚至一狀告到總統府，他扛下了當時各方勢力的無的放矢，卻總能四兩撥千斤，輕鬆應對。據陸委會人員說：「劉副就像一個大哥哥，無微不至地照顧著賴主委。」

陸委會「門打開、阮顧厝」LOGO的主視覺畫面是台灣廟宇大門對開的兩個門神，敞開大門，迎向藍天白雲和大海。以賴幸媛的台語在主畫面旁強調：「開大門、走大路，有氣魄的台灣人，才是未來的新主人。」積極推動兩岸關係的開放，同時也要把關，門神會保護來上香的台灣人民。賴幸媛說「既推動，又把關」，台灣民意才會放心，才會向你靠攏。

而媒體戲稱，一個門神是劉德勳，另一個門神則是傅棟成。但在國民黨大老看來，劉、傅是兩顆擋路大石頭，千方百計踢走了傅棟成，最後只有劉德勳留下。

傅棟成編「神秘寶典」

第三位賴幸媛倚重的財經幕僚是傅棟成。傅棟成曾受教於前監察院院長王作榮，後任經建會主委蕭萬長的重要文膽。在蕭萬長接任陸委會主委後，傅棟成被延攬進陸委會任經濟處處長，被視為「蕭家班」。傅棟成長年浸淫於兩岸經貿事務，有很強的經濟擘劃能力，戒急用忍、小三通、包機、陸客來台、兩岸直航皆出自他的政策規劃。傅棟成對經貿政策特別敏銳，有很強的文字駕馭能力和高度，更善於把各部會的想法融入政策之中，在公務界堪稱「強將能手」。

傅棟成更是個出了名的「工作狂」，幾乎上班工作到凌晨，在跟賴幸媛比誰最晚下班，周末連假經常還往辦公室裡鑽。陸委會經濟處大多是女性，但傅棟成往往把她們當成男性來任事。為了開辦小三通，出動大批人馬進駐金門，但當地住房不夠，他要女同事住在金門總兵署。在他強勢操控下，「傅家女將」進展神速，只花半年時間就讓小三通上路。

傅棟成的「領域感」更是異於常人，只要涉及兩岸經濟、香港事務這一塊，他就會緊緊抓住不放，誰要稍微侵入他的領域，他就會像刺蝟一樣豎起尖刺，會讓對方很有痛感。奇特的是，傅棟成得理不饒人，即使面對個性溫和的微笑老蕭，都敢頂嘴吵架。

蔡英文任職陸委會時，傅棟成是常向她直嗆的幕僚。陸委會主委辦公室在十六樓，傅棟成辦公室在十七樓，蔡英文每次聽到樓上有踱步聲音，就知道傅棟成快下樓找她了。果然沒幾分鐘，傅棟成就來敲門，一開始他會說：「主委，這個你不懂……」當蔡英文說明她的考慮時，傅棟成又會明確指出蔡的疏漏之處。只要有媒體問到比較專業、棘手的問題，蔡英文就回答：「這要問傅棟成，只有他懂，別人不懂。」因為「你不懂」是傅棟成的口頭禪。

特別的是，賴幸媛居然鎮得住傅棟成，她笑說：「棟成是敢跟長官當面直嗆的幕僚，卻從來沒跟我頂過嘴、吵過架。」傅棟成雖然自視甚高，不重視與人和諧相處之道，但賴幸媛說，其實他「非常尊重體制，為人正直很有格調，經濟專業能力極強，規劃能力極佳，他會盡心盡力提出幕僚的分析與建議。」一旦高層政策做出決定，傅棟成就會認真執行，並且再找到新問題，向賴幸媛提出建言。

改朝換代在台灣已是常態，賴幸媛說：「傅棟成就有本事依新政府、新兩岸關係的大政方針，迅速規劃、研擬出可行的新政策和配套措施，屢屢得到高層的支持。」因為文官沒有黨派之見，只有忠於國家，又懷抱滿腔熱血與抱負。當時外界印象與批評傅棟成是「舊思維」、「舊人馬」，而賴幸媛卻說「恰好相反」。

傅棟成行事作風神秘兮兮，常常緊緊抱著資料，說是「機密檔案」；向上級報告時，為求談判保密起見，通常只列印少數幾頁報告。他總是靜悄悄走路，旁人不易察覺，會內同仁回頭一望，才猛然一驚，赫然見到傅棟成在其身後，漾起笑臉迎人。但他手上的那本資料，可是女將們打磨成的政策說帖，內容不會是各部會說法的整理而已，而是把各部會的意見融會貫通，打通了任督二脈，把全部政策精神都注入了這部「神秘寶典」。

業餘時，傅棟成精研《易經》，曾幫很多名人算過卦，只是他再怎麼會算卦和解卦，也沒料到自己會得罪國民黨大老，接任副主委一年五個月後就成了被搬開的大石頭。莫拉克颱風後內閣改組，國民黨大老和國安會高層伺機要傅棟成離開陸委會，賴幸媛花了一個多月的時間，用盡力氣想要把傅棟成留在陸委會，都保不住。馬英九肯定傅棟成的專業，希望傅自己挑一個位子，看要哪一個經濟部會的副主委或是次長，但是有格調的傅棟成全部拒絕，就是決定「裸退」。直到傅棟成揮別陸委會，國民黨大老才認為「搬開了一顆大石頭」。

傅棟成能充分體會賴幸媛以及陸委會在當時處理兩岸關係開放上所面臨的種種困難

情境，賴幸媛說，傅棟成會用心保護他敬重的長官，在政策和相關作為上，盡其力協助長官「趨吉避凶」。她說：「傅棟成很有才華，是文官體系培養出來的難得人才。」

「牧師主秘」張樹棣

陸委會主任秘書張樹棣是陸委會的另一部「活字典」，是陸委會一開辦就加入的文官，個性內斂沉穩，理性溫和，待人以誠，是位永遠站在大局著想，負責又幹練的一流文官，對陸委會的政策、業務、人事如數家珍，兩岸工作一下子爆量增加，同時身兼陸委會主秘和海基會副秘書長，扮演兩會的主要橋梁，其繁重可想而知，但負責任又冷靜的他就是有本事逐一化解。

張樹棣長期浸淫大陸研究、美中關係、美台關係研究，見識廣博，深入了解對岸的人事與政體，又有兩岸事務豐富的機關記憶，在兩岸關係的變局中，適時稱職的扮演著賴幸媛幕僚的角色。她說：「張樹棣文字修練爐火純青，不僅政策文字抓得精準，公文修改又快又準，對我幫助很大。」張樹棣常能提點賴幸媛繞開陷阱，因此成了賴幸媛在應對變局時的定心丸。

張樹棣是位虔誠基督徒，擁有牧師身分，當賴幸媛剛接掌陸委會時，他就列出賴幸媛應該去拜會的社會各界重要名單，以獲得社會聲援，他說一定要去拜會星雲大師，舉足輕重，非常重要，這是賴幸媛第一次見到星雲大師，由張樹棣陪同。在兩岸工作上，張樹棣沒有宗教門戶之見，他把推動兩岸關係結合到他的上帝信仰。但他的體會是：「陸委會制定政策，永遠是從現實出發，即使換黨執政，這種現實主義特性都不會改變。」

生命中，上帝召喚的聲音越來越強，張樹隸幾度向賴幸媛請求，希望提前退休專心布道。在賴幸媛的再三請託下，他總能以大局為重，以使命感為懷，繼續為國家投身於兩岸工作。賴幸媛離開陸委會後，張樹棣才離任。

副主委趙建民、高長兩人也是當時陸委會的大將，賴幸媛說：「他們全力投入，是當時陸委會工作團隊不可或缺的重要戰力。」趙建民、高長皆是兩岸重量級學者，從學界借重轉進到政府部門。趙建民在兩岸學界有一言九鼎的影響力，熟稔中共黨政和兩岸關係研究，因外語能力很強，大量接待來自國際社會的訪賓。趙建民那幾年在兩岸教育、文化的議題著墨深入，大力協助相關部會妥適處理兩岸文教交流的議題，總能洞見問題，找到解決的方案。高長從國安會轉到陸委會，接手傳棟成的兩岸經貿政策，縱使專業又複雜，但高長很快就上手，並在ECFA及後續協議花費了很多精神心力，也積極對外說明。由於高長的台語很輪轉，又對台商事務很熟悉，所以下鄉宣講很接地氣，很快就可以拉進與父老鄉親的距離。

文宣長才施威全

從英倫留學歸國的施威全，接受賴幸媛延攬擔任主委辦公室主任。「施威全腦筋靈活，動得很快，學養知識豐富，站穩社會弱勢和反歧視的立場，有很進步的世界觀。」賴幸媛認為，施威全有很敏銳的政治嗅覺，善於政治力和社會力的分析，一上任就成為賴幸媛的重要政治幕僚和文膽。

施威全擅長文宣，是古靈精怪的點子王，又有很強的社會運動和選戰經驗，能夠敏銳掌握社會脈動。當施威全加入團隊後，陸委會開始出現大量活潑生動、很有傳染力的文宣品。陸委會新聞稿的文字風格，經過施威全的注入，變得親民，也為媒體廣泛引用。施威全為傳統的文官體系注入了一股新思維和新能量，連廣告才子范可欽也公開稱讚陸委會的文宣不得了。因為傳播效果好，也因此陸委會文宣成為民進黨在立法院長期攻擊的標的。

施威全向來跟弱勢站在一起，在東海大學時期曾參與反杜邦運動、野百合學運，之後攻讀台大建築與城鄉所碩士，倫敦大學伯貝克法律學院博士，在倫敦從事移民／移工的法律服務。在媒體寫專欄，評論文章筆力渾厚，雄辯滔滔，政論圈即便不同意他的論點，也不得不看他力透紙背的雄文。施威全也善於經營與媒體的關係，當媒體記者找不到劉副主委時，就會轉向去找施威全求援，而他總會想盡方法協助記者。

最奇特的是，民間出身的施威全，進入公務界居然很快跟傅棟成一拍即合，毫無違和感，懂得欣賞技術官僚的優點，兩人相互欣賞。施威全很少稱讚他人文字，但卻特別欣賞傅棟成具有的高度和視野的如椽大筆。施威全加入陸委會，很懂得尊重欣賞文官，特別敬重劉德勳，賴幸媛說：「施威全善於學習文官的優點，又能用自己的長處來協助文官，因此和陸委會文官很快就形成強而有力的幕僚團隊。」

身為賴幸媛重要幕僚的施威全，向來護主心切，每當媒體傳出賴幸媛又要被換掉時，他就跟媒體記者說：「又是狼來了，喊久了，就沒人相信了！」他總是跟媒體說：「賴幸媛是政治邊緣，但是政策核心。」施威全之所以聲名大噪，由幕後走上幕前被媒體廣為報導，是因為陸生來台政策補助之事，在立法院公開槓上了節目主持人鄭弘儀，施威全很快就證明了鄭弘儀瞎掰造謠，才使得事件快速落幕。施威全一戰成名，行政院院長吳敦義特別邀請施威全去教導其他部會，要如何「因應媒體，捍衛政策」。

施威全說：「賴幸媛在協商策略和細節很天才，抓得很緊。」經賴幸媛的授權，施威全在那幾年幾次低調會見國台辦主任王毅，以及王毅的重要幕僚和其他國台辦官員，成為賴幸媛與王毅溝通管道的「密使」。施威全熟悉台灣史、世界史，文思泉湧，語言鮮活，能夠準確抓住賴幸媛想要傳達的重要政治概念和社會理念、說明我方政策背後的用意，精準而有說服力，拉進對方。

溫文堅定的朱曦

陸委會港澳處處長朱曦深受賴幸媛器重，兩人同有留學英倫的背景。賴幸媛說：「朱曦是優秀的涉外經貿官員，學養專業俱佳，積極任事，人品端正，有長年豐富的駐外經驗，善於談判，個性溫文儒雅謙虛，但執行任務堅定又有策略。」

為了不動聲色、悄悄推動我方在香港、澳門代表處的正名案和功能提升案之任務，由於任務重大困難，賴幸媛找來朱曦執行，特別安排他接港澳處處長。這是賴幸媛一上任陸委會後，就列為優先要推動的政策，但是當時沒有人看好她能完成。

朱曦接下了賴幸媛要為我方在香港正名「中華旅行社」的重責大任，兩年期間，跟港府官員來回談判了十多回合，花了極大努力，最後好不容易達成任務，完成我方談判所設定之目標，背負四十五年歷史包袱的「中華旅行社」終於正名成「台北經濟文化辦事處」，成為轟動一時的大案，有深刻的歷史意義。賴幸媛說：「朱曦在港澳代表處正名、提升功能的歷史任務上，執行出色，不辱使命，貢獻很大。」

「強悍女將」吳美紅

相較於「男人幫」，賴幸媛最欣賞的其實是陸委會的「女將」們，她們的個性相當符合陸委會工作的要求：專業強、保密、低調、使命必達。陸委會的女將中，首推時任陸委會法政處處長的吳美紅，吳美紅在法政的專業以及盡責全力投入工作的風格，養成了文官優異的素質，長期在陸委會受到長官的肯定和提拔。吳美紅深受賴幸媛信任與倚重，賦予重要責任。賴幸媛說：「吳美紅的談判風格強韌堅毅，必須強硬時，會自然展現出硬的一面，帶有一點強悍的味道，但其實她的個性溫和與厚道，也善於耐心的引導談判的對手。」在對岸官員眼中，視她為「強悍女將」。

吳美紅台大法律系畢業，堪稱陸委會元老，擁有兩岸事務經驗二十多年，吳美紅自認個性內向，很不習慣「拋頭露面」面對媒體，從沒想過自己後來必須擔任陸委會發言人。

擔任陸委會的發言人是個「苦差事」，陸委會官員避之唯恐不及。因為本質上複雜、敏感、機密，又要面對國內意見分歧的兩岸政策，對媒體發言要如何拿捏分寸，是一門高明的「學問」。

特別是大陸的涉台機構緊盯，對陸委會的新聞稿字字斟酌，對發言人的表述句句在意，用放大鏡來檢視。有不合其意或感到疑惑時，會用不公開的方式善意傳遞給陸委會，表達：「陸委會這樣說，是不是代表兩岸關係倒退了啊？」但對台機構的涉台學者、陸媒則會在網路或報章上，公開強力抨擊陸委會或其他政府高層官員的發言，以此展示「大陸強烈的民意」。

當陸委會發言人被媒體詢問時，要重申闡述馬總統講過的話，以及陸委會和政府的正式立場。但堅守之餘，時任陸委會發言人的劉德勳常會宅心仁厚的、有技巧地在語言上做出空間來，讓大陸涉台機構很難公開直接抱怨。這點外界不易查覺，但無形中，陸委會就管控住了危機。所幸，那幾年陸委會和國台辦已建立起不同層次的官方管道，可以即時有效的直接溝通，並引導對方埋解真實狀況，了解台灣的現實，設法拉近雙方觀點，避免誤判，因而有些可能蔓延的危機，並沒有失控。

擔任陸委會發言人就是「吃力不討好」的任務。但賴幸媛為了訓練官員在記者會上學習因應媒體的「膽識」與能耐，在她任上的後幾年，於每個星期固定的記者會上，會請與議題相關的局處長輪流跟隨著發言人見習與回應，這樣既可以「壯膽」，又可以鍛鍊。在劉德勳離開陸委會後，因職責所在，吳美紅還是勇敢地接下發言人的任務，展現了文官不能逃避責任的精神。為了提高吳美紅發言時的架勢，陸委會還在發言台後方特別製作了墊高的小木板。

在陸委會同仁的眼中，吳美紅律己甚嚴，但對待部屬親切寬厚，願意與同仁一起打拚。賴幸媛觀察：「吳美紅帶人帶心，她帶領的單位向心力很強，因此整體專業素質高。」賴幸媛形容，吳美紅的行事作風低調穩健、個性正直、使命必達，是非常幹練又有能耐達成艱難任務的文官人才，她是賴幸媛「邊緣策略」重要執行者，不會在壓力下屈服，是值得託付的管道窗口。在複雜敏感狀況下，總能達成賴幸媛交付的任務，賴幸媛很欣賞吳美紅的有為有守。吳美紅參與了大部分兩岸重要協議的協商，不管經濟性的或非經濟性的，她是談判主將之一，幾乎無役不與。

巾幗不讓鬚眉

巾幗不讓鬚眉，經濟處的女將們人才輩出，從處長李麗珍、副處長葉凱萍、專門委員許君如等，她們過去是傅棟成培養出來的專業好手。是當時兩岸經濟性協議的談判主將或主將之一，和相關部會合作，如ECFA、投保協議、金融合作協議、智慧財產權保護合作協議、農產品檢疫檢驗合作協議、海關合作協議、標準計量檢驗認證合作協議等。

李麗珍過去長期擔任傅棟成的副手，對經濟政策嫻熟、對經濟事務有周延的思考能力。她充分掌握到賴幸媛對推動兩岸關係發展必須堅持「循序漸進」的穩健原則，賴幸媛說：「李麗珍領悟力強、在經濟領域的分析綜整規劃和執行能力都是強手，她很清楚推動兩岸經貿關係的發展，必須要穩健而行，不能暴衝，才能走得長遠。」因此，在幕僚作業上總能掌握住問題要害，在重要協商的執行上，從容以赴，達成目標。

葉凱萍從經建會到陸委會，在經濟領域、國際經貿領域有很強的專業能力，對兩岸多項經濟性協議的專業內容，深入規劃草擬，掌握精確，分析精闢。賴幸媛稱許葉凱萍：「極為優秀，擁有多元細密的思考力和政策分析能力，對於繁雜的經濟政策及兩岸經貿關係的推動，總能夠一針見血找到問題所在，能夠化繁為簡的論述，政策文字的表達要言不煩，清晰有說服力，總統一看就懂。」

許君如後來被借重到聯絡處，從經濟處專門委員調升到聯絡處副處長，擔任處長盧長水的重要副手，憑藉其優秀的經濟專業能力，及溫和婉轉耐心的工作態度，協助聯絡處提升對外界的專業說明能力，特別是諸多的經濟性協議。

時任陸委會企劃處處長胡愛玲，是位工作狂，把陸委會當成第二個家，勤奮用功，敏銳聰慧、堅毅有為，屢獲提拔。賴幸媛觀察：「胡愛玲具有高度視野和寬闊格局，站穩台灣主體性和台灣人民利益的角度，完全掌握馬政府在兩岸政策的大政方針和基本原則，以此思考重要政策和規劃相關議題，具有強而細密的規劃能力，有高度的可行性。」

胡愛玲是賴幸媛非常倚重的幕僚。她對業務盯得很緊，賴幸媛才上任不久，就催促著主委要快點準備去華府，與美方官員和智庫對談。從二〇〇八年到二〇一二年，賴幸媛每年都須要去美國華府、到歐盟議會等，受邀演講並和政府人士與智庫人士對談；歐美僑界也想要了解兩岸關係的走向和成果，頻頻邀請賴幸媛前往演說。那幾年，由於兩岸關係發展的大形勢，為歐美各界所高度重視，賴幸媛遂常被邀約前往說明與溝通。賴幸媛最重視與國內基層各界的溝通，但她也非常重視國際溝通，因為兩岸關係的發展需要國際社會「正確的認識」。每次出訪，胡愛玲都隨行，提供重要的幕僚作業和建議。

賴幸媛說：「胡愛玲思考深入，對形勢研判精準、深入而獨到，眼光長遠，她所提供的幕僚分析與建議常具有獨立的觀點，有別於一般文官的風格，我很欣賞。」胡愛玲勇於提出不同意見和務實的分析，她的建議也屢屢得到總統府高層的認同。胡愛玲也需要參加兩岸協議的協商，第一線掌握狀況，和對岸國台辦官員與外圍學者經常溝通。

企劃處是陸委會的小智庫，二十多年來，建立起對大陸研究、美中台關係研究、國際關係研究的重要資訊和知識，重視大陸和國際相關重要人物誌的建立，與國內、國際智庫維持緊密關係，深入掌握兩岸關係推動的歷史脈絡和時代脈動。

陸委會女將們在談判場域，非常有工作紀律，任務所在，三緘其口，低調謹慎，以達成任務為唯一目標。反倒是在ＥＣＦＡ談判期間，慣於對外洩密和高談闊論者是經濟部的少數主談者，因此得到個別媒體的曝光，府院高層動氣並警告了好幾次，卻是「屢勸不聽」。雖然媒體樂得跟他們交往，但因為他們談判紀律不佳，造成我方政府整體團隊面臨極大困擾，甚至連對岸都抱怨不已，險些造成協商中斷，這類失序情況後來才有了修正。

第一線執行協商任務，女將們很有使命感，經常不眠不休地執行任務，例如，在ECFA談判時，她們努力認真的投入程度，幾乎超越一般人的體能與心智能達到的極限。由於高強度的兩岸密集談判，迫使她們必須頻繁地在兩岸間飛赴往返，除了談判本身壓力極大之外，體能也要承受很大的負荷。談判期間，女將們擁有最需要的特質就是——「戰略耐心」（strategic patience）。她們面對高壓、高強度的協商，身心沒有崩潰，情緒沒有失控，始終穩健以對。反而曾觀察到對方主談者因為巨大壓力，偶有發生「情緒失控」的意外狀況。

賴幸媛始終心疼、感謝、尊重、肯定、愛護這些女將們。她說，那些年陸委會每星期提供給高層，包括總統、副總統、行政院院長等幾位長官的專業分析與政策建議，總能得到肯定與支持，沒有不被採納的。陸委會的規劃意見和內容，穩健進行，成為國家推動兩岸關係的主軸。賴幸媛說：「這與陸委會在不同領域多位女將們的專業功力和全心力投入有重要關係。」她們以及當時許多位陸委會的重要幕僚，都曾是兩岸關係轉變時代中的骨幹。

兵隨將轉，尊重文官

國家優秀的文官培養不易，同樣的文官，由不同的政務官領導，會呈現不同的風貌。賴幸媛認為，兵隨將轉，好的政務官應該懂得如何帶領文官團隊，凝聚向心力，積極任事，全力推動政策，要能站在民眾利益的角度思考，落實對民眾有益的政策。政務官必須要有擔當和魄力，要能為文官承擔責任，才能引領文官團隊向前行。

賴幸媛帶領的陸委會文官團隊，他們對國家任務有使命感、榮譽感，顛覆了社會中對公務體系文官只是消極被動、應付了事的傳統官僚印象。陸委會文官擁有賴幸媛所形容的「機關記憶」，她說：「當時陸委會的團隊精神，反而是積極推動、同心協力，以達成國家任務為目標。」賴幸媛曾聽她們動容地表達：「能親身參與這麼重要的、歷史性的兩岸協商，見證兩岸關係重大、突破性的發展，感到與有榮焉！」在賴幸媛任上四年又五個月，完成了十八項兩岸重要協議，立法院通過落實執行，人民得利。

但讓賴幸媛感到非常遺憾的是，詹志宏、傅棟成當時都是「帶著 hurt（傷痕）離開」。賴幸媛為了留住傅棟成，不只和馬總統多次商量，還去拜託副總統蕭萬長，老蕭很高興賴幸媛如此肯定傅棟成，但老蕭還是說：「太晚了！」可見傅棟成是受到「長期告狀」所影響。國民黨大老、國安會高層想拔掉賴幸媛未果，退而求其次，只好設法剪除賴幸媛的羽翼，換不掉賴也要讓她跛腳。只是沒想到，賴幸媛反而越挫越勇。

政黨輪替在台灣是常態，不論藍或綠執政，經常發生不尊重專業文官的情況。詹志宏提前從主任秘書退休，是與陳水扁政府不尊重文官有關。到了馬政府時期，詹志宏、傅棟成是接連被國民黨大老和國安會高層一腳踢開的「擋路石」。賴幸媛強調：「不論任何政黨執政，國家優秀的文官都應該被尊重和重用，才是國家之福。」賴幸媛常常記住媽媽跟她提醒的：「人嘸哇熬，人是添秤頭」（台語，意指個人沒那麼厲害，整體團隊才重要），因此她特別重視文官團隊。

美國前總統林肯組成了「政敵團隊」，禮賢下士，把最厲害的幾位政敵，統統化為部屬，邀請入閣，組成了治國團隊。賴幸媛同樣善用陸委會文官的強項，並且發揮到極致，一步步建立起制度化協商，穩健推動兩岸關係的重大進展，做出了重要成績，成了歷來任職最久的陸委會主委。

附錄

賴幸媛主委任內的兩岸大事記

時間	賴幸媛主委任內大事記
2008年5月20日	接任陸委會主委。
2008年6月12日	**【第一次江陳會談】**在北京舉行，簽署「周末包機」會談紀要與《大陸居民赴台旅遊協議》。
2008年7月4日	兩岸包機直航啟動。
2008年7月18日	開放陸客來台觀光。
2008年8月中旬	賴幸媛主委訪問芝加哥，接受《芝加哥論壇報》專訪、向芝加哥僑界演講；訪問紐約，與外交關係委員會研討兩岸關係、向紐約僑界演講。
2008年11月7日	**【第二次江陳會談】**在台北舉行，抗議者包圍晶華酒店，簽署《兩岸空運協議》、《兩岸海運協議》、《兩岸郵政協議》、《兩岸食品安全協議》。
2008年12月15日	兩岸「大三通」，實施平日包機、海空直航，並直接通郵。

2008 年 12 月 23 日	大熊貓團團、圓圓來台。
2008 年 12 月 31 日	胡錦濤在「告台灣同胞書」三十周年提出「胡六點」。
2009 年 2 月 27 日	馬英九宣布推動 ECFA。
2009 年 3 月	陸委會啟動 ECFA 基層宣導。
2009 年 4 月 26 日	**【第三次江陳會談】**在南京舉行，簽署《兩岸共同打擊犯罪暨司法互助協議》、《兩岸金融合作協議》、《兩岸空運補充協議》，「陸資赴台投資」達成共識。
2009 年 5 月 15 日	首屆大型「海峽論壇」在廈門舉行。
2009 年 6 月	陸委會開始進行 ECFA 廟口開講。
2009 年 6 月初	修法給予大陸配偶工作權、縮短取得身分證的時間為六年、取消大陸配偶財產繼承二百萬元的限制，前陸配婚生子女可來台與母親相聚生活。
2009 年 6 月 30 日	開放陸資來台投資。
2009 年 7 月中旬	賴幸媛主委訪美，拜會參議員、眾議員；會晤國安會、國務院官員；與多個華府知名智庫專家研討；在布魯金斯研究院（Brookings）發表演說。
2009 年 9 月 1 日	西藏精神領袖達賴喇嘛在高雄巨蛋舉辦祈福法會，為八八水災災民祈福並超渡罹難者亡魂。

2009年9月10日	行政院院長劉兆玄卸任，吳敦義接任；經濟部部長尹啟銘卸任，施顏祥接任。
2009年11月13日	「兩岸一甲子」學術研討會在台北舉行，包括中共中央黨校前常務副校長鄭必堅、曾任中共陸軍中將李際均參與，兩岸學者代表首度在台灣就兩岸政治性議題進行對話。賴幸媛主委接見大陸與會者。
2009年12月7日	兩岸簽署《兩岸銀行監理合作備忘錄》、《兩岸保險監理合作備忘錄》、《兩岸證券及期貨監理合作備忘錄》。
2009年12月22日	**【第四次江陳會談】**在台中舉行，簽署《兩岸農產品檢疫檢驗協議》、《兩岸漁船船員勞務合作協議》、《兩岸標準計量檢驗認證合作協議》。
2010年1月20日	陸委會規劃翔實的ECFA國會監督案，得到立法院院長王金平大力認同與支持。
2010年4月25日	馬英九與蔡英文電視辯論ECFA。
2010年5月26日	台港小兩會掛牌運作，「台港經濟文化合作策進會」董事長由前財政部部長林振國擔任，與香港「港台經濟文化合作協進會」成為對口單位。
2010年6月3日	賴幸媛主委在港澳處處長朱曦陪同下前往香港，視察陸委會香港事務局（中華旅行社）的業務，是現任部長首訪香港的破冰之旅。
2010年6月29日	**【第五次江陳會談】**在重慶舉行，簽署《兩岸經濟合作架構協議》（ECFA）、《兩岸智慧財產權保護合作協議》。

2010年8月上旬	賴幸媛主委訪美，拜會參議員、眾議員；會晤國安會、國務院、貿易代表署官員，與多個華府知名智庫專家研討，在美國企業研究院（AEI）發表演說：「借力使力——將戰爭威脅轉為和平與繁榮」。
2010年8月17日	立法院院會完成ECFA審議程序，兩岸互相開放八〇六項貨品貿易早收清單，於2011年1月1日生效。並成立「兩岸經濟合作委員會」處理ECFA相關事宜。
2010年8月30日	香港財政司司長曾俊華率團來台，到陸委會拜會賴幸媛主委。
2010年9月2日	中國文化部部長蔡武率領大陸文化藝術界人士抵達台灣訪問。蔡武是兩岸開放交流以來，首位率團訪台的中共正部級官員。
2010年9月中旬	賴幸媛主委訪問比利時布魯塞爾，會晤歐洲議會副議長；會晤歐盟執委會副主席兼司法基本權利執委、執委會司法內政委員會主席、執委會貿易總署總署長、執委會對外關係總署副總署長；會晤歐盟理事會對外暨政治—軍事事務總署長；向歐洲議會約五十名歐洲議員發表演說：「和平、民主與繁榮：是中華民國大陸政策與歐盟發展經驗的最大交集」；在EIAS亞太安全論壇發表演說；會晤比利時外交部雙邊關係總司長。
2010年9月22日	國務院總理溫家寶在紐約與媒體座談時，被問到在兩岸簽署ECFA後，北京在對台撤除飛彈方面有何想法與做法時表示，「撤除飛彈的問題最終會得到實現」。陸委會表示，「希望大陸盡早實現」。

2010年10月8日	中國異議人士劉曉波獲諾貝爾和平獎，陸委會指出，期待大陸當局有誠意在人權方面展現全新思維，推動政治改革，讓經濟改革的成果為所有大陸人民共享。
2010年10月23日	東京國際影展開幕式時，大陸代表團團長江平堅持台灣代表團必須以「中國台灣」或至少是「中華台北」的名稱參與星光大道，最終導致兩岸代表團皆未能完成開幕活動。
2010年12月21日	**【第六次江陳會談】**在台北舉行，簽署《兩岸醫藥衛生合作協議》，並對「兩岸投資保障」協商達成階段性共識。
2011年1月1日	ECFA貨品貿易早收計畫自即日起實施。
2011年1月	陸委會成立二十周年。
2011年2月21日	大陸民眾透過網路發起「茉莉花」串連活動，陸委會表示，希望大陸在經濟發展的同時，也能加速落實社會公平、司法正義及人權保障的政治體制改革，這將降低兩岸在核心價值上的差異。
2011年4月11日	大陸「中國民航信息網絡公司」全資子公司「台灣中航信」在台北成立，為大陸央企首家在台註冊全資子公司。
2011年6月28日	開放陸客來台自由行。

2011 年 7 月上旬	賴幸媛主委訪美，會晤參議員、眾議員；會晤國安會、國務院官員；與「戰略暨國際研究中心」（CSIS）學者專家座談；在卡內基和平基金會（Carnegie）國際研討會發表演說：「中華民國的大陸政策：引航兩岸關係，為海峽兩岸人民的良性互動創造和平的環境」。
2011 年 7 月中旬	我駐香港機構從「中華旅行社」更名為「台北經濟文化辦事處」；我駐澳門機構「台北經濟文化中心」，更名為「台北經濟文化辦事處」。我駐港、駐澳機構的功能大幅提升，與所有中華民國外館一致。
2011 年 7 月 28 日	國台辦主任王毅在美表示「台灣問題是中國的內政，需要兩岸中國人協商來加以解決」，陸委會重申，中華民國是主權獨立的國家，不是大陸的內政問題。
2011 年 9 月 1 日	開放陸生來台修讀學位，但有「三限六不」的原則。
2011 年 9 月上旬	賴幸媛主委訪問英國，拜會英國上、下議院議員；會晤英國外交部、貿易部官員；與英國王家三軍聯合國防研究所（RUSI）智庫專家座談研討；在 Chatham House 專題演講：「台灣的兩岸政策——為和平打造不可逆轉的基礎」。
2011 年 10 月	赴洛杉磯僑界演講談大陸政策與兩岸關係；赴舊金山僑界演講談大陸政策與兩岸關係。

2011年10月20日	**【第七次江陳會談】**在天津舉行，簽署《兩岸核電安全合作協議》。就「兩岸投保協議階段性協商成果」及「加強兩岸產業合作」達成共同意見。
2011年12月19日	港府來台設立「香港經濟貿易文化辦事處」。
2011年12月31日	陸委會香港事務局長朱曦與香港經貿文化辦事處主任梁志仁，代表雙方政府於香港簽訂「台灣與香港間航空運輸協議」。
2012年1月底	賴幸媛主委訪美，出席美國總統全美早餐祈禱會；拜會參議員、眾議員；會晤美國前副國務卿阿米塔吉及美前亞太副助卿薛瑞福；與布魯金斯研究院（Brookings）專家座談。
2012年2月6日	賴幸媛主委在哈佛大學費邊中心發表專題演說：「中華民國的民主成就，是建構兩岸關係永續和平的核心力量」。
2012年6月18日	竹科工程師鍾鼎邦被大陸主管部門以「涉嫌危害國家安全及公共安全犯罪」為由限制人身自由。
2012年8月9日	**【第八次江陳會談】**在台北舉行，簽署《兩岸投資保障協議》、《兩岸海關合作協議》，並共同發表「人身自由與安全保障共識」。
2012年8月10日	國台辦主任王毅指出，《兩岸投資保障協議》談判的整個過程表明，兩岸商談正在逐漸進入「深水區」。

2012月9月上旬	賴幸媛主委訪問比利時布魯塞爾，拜會比利時外交部秘書長、亞洲司司長；會唔歐盟內政委員會執委、執委會貿易總署總署長、歐盟對外事務部首席執行官、亞太總司東北亞及太平洋事務司長、中台蒙處處長、中國政策官、台灣政策官等；拜會多名歐盟議會議員、歐洲議會外委會主席、歐洲議會保守黨團主席；在智庫 EU-Asia Center FRIDE 發表演說；在比利時外交智庫 Egmont Institute 發表演說；在歐洲議會向逾五十名歐盟議員演說：「穩健的步調、開闊的視野：中華民國大陸政策的成功關鍵」。
2012年9月6日	兩岸簽署《兩岸貨幣清算合作備忘錄》。
2012年9月7日	賴幸媛主委訪問英國，拜會英國上、下議院國會議員；在倫敦大學亞非學院（SOAS）發表演說：「以制度化協商，推動台海和平；以台灣的核心價值，引領兩岸關係」；在英國皇家國際事務研究所（RUSI）與專家座談。
2012年9月下旬	江丙坤卸下海基會董事長的職務。
2012年9月27日	許多陸配及人權工作者到陸委會歡送賴幸媛主委。
2012年10月2日	賴幸媛卸任陸委會主委，調任我國常駐 WTO 代表團大使。

歷史與現場 352

鑄劍為犁：賴幸媛的兩岸談判秘辛

口　　述—賴幸媛
採訪撰文—林庭瑤
協力編輯—游重光
責任編輯—陳萱宇
主　　編—謝翠鈺
行銷企劃—鄭家謙
封面設計—陳文德
美術編輯—菩薩蠻數位文化有限公司

董 事 長—趙政岷
出 版 者—時報文化出版企業股份有限公司
108019 台北市和平西路三段二四〇號七樓
發行專線—（〇二）二三〇六六八四二
讀者服務專線—〇八〇〇二三一七〇五
（〇二）二三〇四七一〇三
讀者服務傳真—（〇二）二三〇四六八五八
郵撥—一九三四四七二四時報文化出版公司
信箱—一〇八九九 台北華江橋郵局第九九信箱
時報悅讀網—http://www.readingtimes.com.tw
法律顧問—理律法律事務所 陳長文律師、李念祖律師
印刷—勁達印刷有限公司
初版一刷—二〇二四年二月十六日
初版二刷—二〇二四年二月二十六日
定價—新台幣四八〇元

鑄劍為犁：賴幸媛的兩岸談判秘辛/賴幸媛口述；林庭瑤採訪撰文. -- 初版. – 台北市：時報文化出版企業股份有限公司, 2024.02
面；　公分. --（歷史與現場；352）
ISBN 978-626-374-872-9（平裝）

1.CST: 賴幸媛 2.CST: 兩岸政策 3.CST: 傳記

783.3886　　113000302

ISBN 978-626-374-872-9
Printed in Taiwan